Charles CHAVARD et Octave STEMLER

RECHERCHES

sur

LE RAINCY

1238—1848

20 Planches hors texte, des XVIIe, XVIIIe et XIXe siècles
45 Têtes de chapitres, Lettrines et Culs-de-lampe
1 Plan du XVIIIe siècle sur papier du Japon

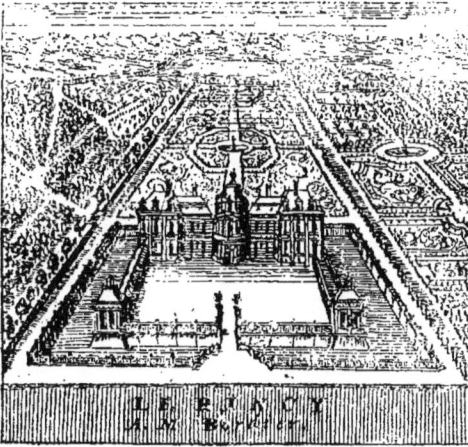

GRAVURE DE 1652

PARIS

IMPRIMERIE BREVETÉE CHARLES BLOT
7, Rue Bleue, 7

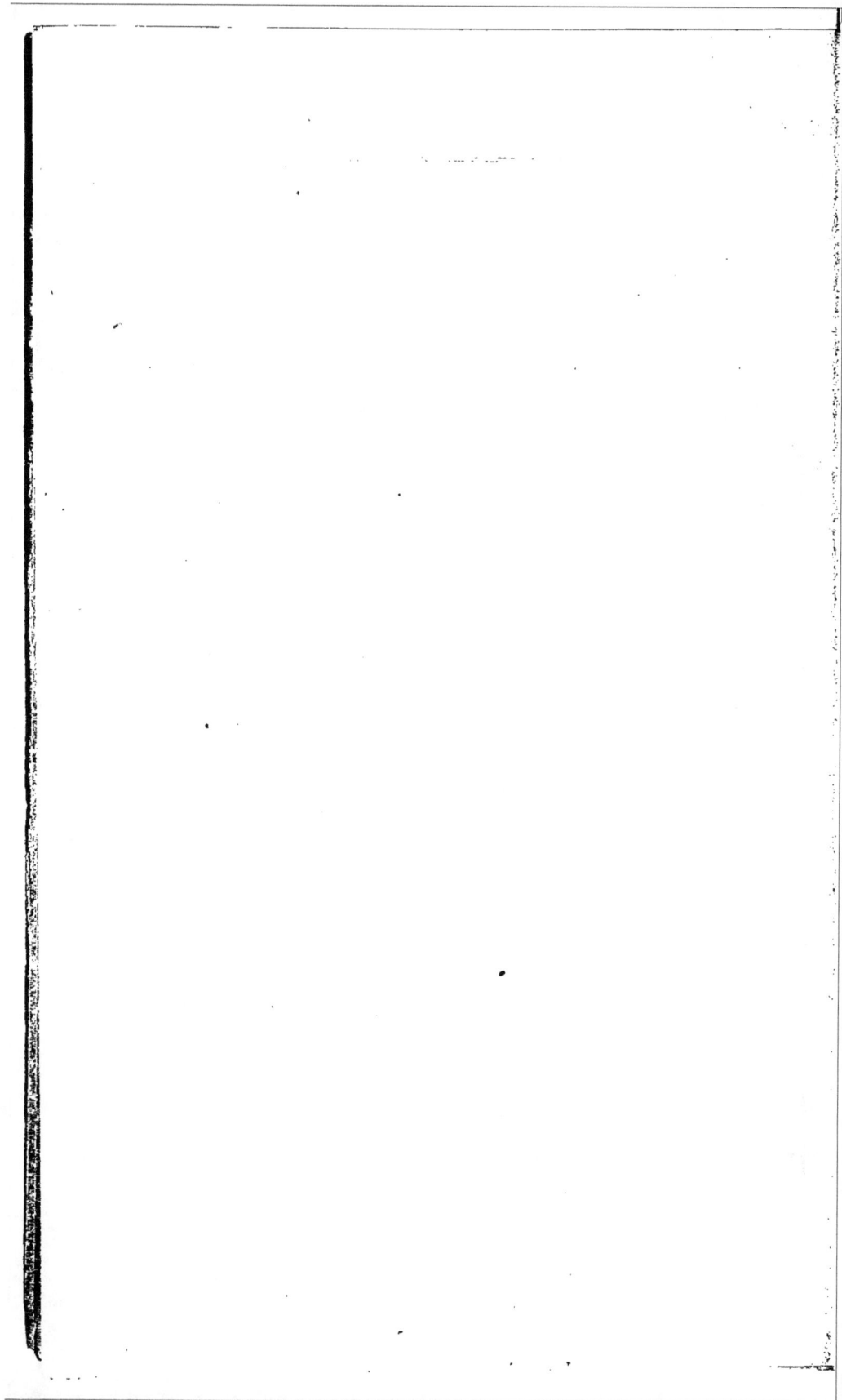

LE RAINCY

Il a été tiré de cet ouvrage
Deux cent cinquante exemplaires numérotés.

N° 181

RECHERCHES

SUR

LE RAINCY

1238—1848

PAR

Charles CHAVARD et Octave STEMLER

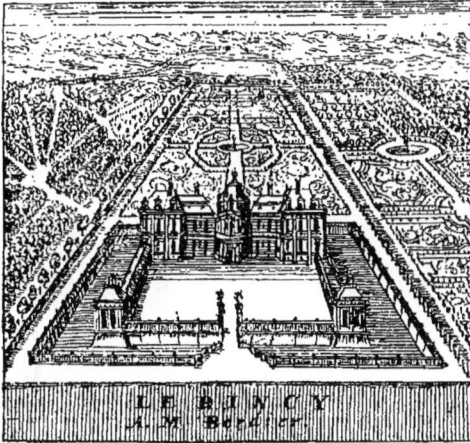

GRAVURE DE 1652

PARIS

IMPRIMERIE BREVETÉE CHARLES BLOT

7, *Rue Bleue*, 7

—

1884

Introduction

COMMENT EST NÉ CE LIVRE

PARMI *les nombreux visiteurs du Raincy, parmi ses habitants et même ses propriétaires, combien y en a-t-il qui se doutent qu'il ait existé au milieu du Parc, pendant deux cents ans, un château splendide, qui ne le cédait en rien, sous aucun rapport, aux plus belles habitations seigneuriales ou princières, si nombreuses sous les règnes de Louis XIII et de Louis XIV ?*

Cela se comprend.

Lorsqu'en 1848 le Raincy actuel fut créé sur l'emplacement du parc morcelé, il restait à peine quelques vestiges des anciennes constructions, vestiges qui disparurent bientôt, et dès lors rien ne subsista plus pour en conserver le souvenir.

En ce moment même (1884), les fouilles qui se font le long de l'avenue du Chemin-de-fer, en face de l'allée de Montfermeil, mettent au jour des fondations que la végétation avait recouvertes.

Habitant le Raincy depuis 1864 et ayant toujours eu du goût pour tout ce qui touche à l'histoire, aux beaux-arts et à la curiosité, je m'étais occupé à recueillir des documents de toute nature, ayant trait à l'ancien château, avec la pensée d'en faire un jour une monographie, si les circonstances me le permettaient.

*Lorsqu'en avril 1882, au moment de l'érection de la commune du Raincy en chef-lieu de canton, mon ami M. Hustin fonda l'*Écho du Raincy, *il me demanda de lui donner mes notes pour les publier dans son journal.*

Je le fis avec plaisir et les nouvelles recherches auxquelles je me livrai à cette occasion m'ayant fait découvrir d'autres documents tout à fait inédits, je conçus l'idée de former un volume de l'ensemble de ces matériaux, en y joignant la reproduction des gravures, plans et cartes que je possède ou qui existent au cabinet des Estampes à la Bibliothèque nationale.

Je fus encouragé dans cette voie par la sympathie de M. Clémencet, maire du Raincy. D'après ses conseils, j'ouvris une souscription, en tête de laquelle il s'inscrivit et qui fut bientôt couverte des signatures des membres du Conseil municipal et de toutes les notabilités du Raincy.

Un travail de cette nature demande beaucoup de recherches et beaucoup de temps. Aussi voyais-je avec peine l'époque de son achèvement constamment ajournée, lorsque j'eus l'idée d'en parler à un jeune licencié en droit, M. Octave Stemler. Épris comme toute la jeunesse intelligente de ce qui se rattache aux lettres et à l'histoire, M. Stemler m'offrit avec empressement sa collaboration, que j'acceptai.

Nous avons revu ensemble ce qui avait été publié dans l'Écho du Raincy, et en avons retranché quelques aperçus historiques qui eussent formé hors-d'œuvre dans un livre.

Pour donner à cette œuvre le caractère d'authenticité qui, suivant nous, constitue le principal mérite d'une publication de cette nature, nous nous sommes attachés à reproduire textuellement nos autorités. Aussi nous arrivera-t-il souvent de nous rencontrer avec nos prédécesseurs qui, naturellement, avaient puisé aux mêmes sources que nous.

Seulement, comme je l'ai déjà dit, plusieurs des documents publiés par nous sont complètement inédits.

Nous citerons notamment les nombreux détails sur Jacques Bordier, le fondateur du château et sur sa famille; tout ce qui est relatif à l'établissement rural qui exista au Raincy de l'an II à l'an IV; et aussi la description du château moderne, dont l'existence même était ignorée des écrivains qui se sont occupés avant nous du Raincy.

L'intérêt principal de ce volume consistera peut-être dans le groupement et la publication des gravures, plans et cartes qui l'illustrent et dont plusieurs sont devenus rares ou même introuvables.

*En outre, le soin et le goût que notre sym-
pathique éditeur, M. Charles Blot, a apportés
dans la composition et le tirage de cet ouvrage
le rendront digne, au point de vue typogra-
phique, de l'attention des bibliophiles. C'est ce
qui nous engage à le tirer à un petit nombre
d'exemplaires numérotés de 1 à 250, avec la
place pour la signature ou le nom des premiers souscripteurs.*

*En résumé, sans aucune prétention à l'his-
toire proprement dite, ce livre, texte et illustrations, constitue un ensemble de documents
recueillis aux sources originales : et à ce titre
même, il sera consulté utilement par les écrivains qui voudraient entreprendre plus tard
une histoire du Raincy.*

Paris, mars 1884.

C. CHAVARD.

Recherches sur le Raincy
1238 — 1848

ÉTYMOLOGIE

L'ÉTYMOLOGIE d'un nom propre, soit de personne, soit de localité est, en général, assez ardue et difficile à établir d'une manière satisfaisante et complète.

Elle comprend, en effet, 1° l'origine du nom; 2° sa signification ; 3° l'explication des transformations qui ont amené l'orthographe définitivement adoptée.

Pour le Raincy, en nous aidant des travaux faits antérieurement, nous croyons être arrivés à la solution de ce triple problème :

1° L'origine du nom *du Raincy* ne présente aucune difficulté. Les chartes et autres documents les plus anciens l'appellent *Rinsiacum*. Avait-il à ces époques une appellation en langue vulgaire ? il est permis d'en douter, les premiers occupants de la localité, ceux qui ont défriché le pays, primitivement tout en forêts, étant des gens d'Église, des moines, se servant exclusivement de la langue romaine dans les actes officiels;

2° Quant à la signification de cette appellation primitive, elle laisse la porte ouverte aux conjectures.

D'après l'abbé Lebœuf, le nom de Rinsiacum proviendrait des Rains ou Rainsaux, c'est-à-dire des branches entrelacées qui abondaient dans la forêt de Bondy. Bien qu'il soit plus général et plus naturel de tirer un mot français d'un mot latin qu'un mot latin d'un mot français, néanmoins il pourrait être dit, pour la défense de l'abbé Lebœuf, qu'il s'agit ici d'un mot latin du moyen âge, qui ne serait que la traduction d'une appellation locale.

Un autre auteur a proposé deux mots, qui nous semblent bien aussi du latin du moyen âge, *Rinsessus* et *R'incisus*.

Le premier *Rinsessus* signifierait *de nouveau occupé*, la forêt de Bondy ayant été de tout temps occupée par des bandits et, à l'époque romaine, traversée fréquemment par les troupes des conquérants et notamment de César, qui a pu y établir des postes militaires plus ou moins fixes.

Quant au second mot : *R'incisus*, il signifierait *de nouveau coupé* et proviendrait de nouvelles coupes d'arbres, de nouvelles trouées faites dans la forêt, pour créer des clairières, des allées ou peut-être des *routes militaires*.

Sans nous appesantir sur ces explications plus ou moins fantaisistes, arrivons au troisième problème, celui des transformations de *Rinsiacum* en *Le Raincy*, que nous pensons pouvoir expliquer d'une manière satisfaisante.

La suppression de la terminaison *acum* donne immédiatement : *Rinsi;* mais, prononcé à la française, ce mot eût donné *Rinzi;* on a donc écrit *Rinci* avec un *c*, et l'*i* de la fin a été transformé en *y* ainsi que le fait a lieu généralement, comme pour Lagny, par exemple.

A l'appui de notre dire, nous devons faire remarquer que l'appellation primitive du *Raincy* a été simplement : *Rinci* ou *Rincy*, le plus souvent *Rincy*, mais toujours sans l'article *le*.

Comme preuve indiscutable, nous renvoyons aux gravures du dix-septième siècle que nous reproduisons, et qui représentent l'ancien château sous ses diverses faces. Nous signalons l'orthographe des légendes qui les accompagnent :

Élévation de l'entrée du Chasteau de RINCY ;

Chasteau de RINCY, 3 lieues de Paris ;

Veue et perspective de la face et costé du parterre du Chasteau de RINCY ;

Veue et perspective du Chasteau de RINCY du costé des offices ;

Veue du Chasteau de RINCY du costé des jardins.

C'est seulement dans un tirage plus récent de cette dernière gravure que nous trouvons la légende :

Veue et perspective de la maison du RAINCY.

L'orthographe du nom *du Raincy* était donc *Rincy*, sans l'article et sans *a*.

L'*a* s'est introduit par une sorte d'usage qui fait que l'on écrit : ainsi, et non : insi.

Quant à l'article, voici l'explication que nous pouvons donner de son introduction définitive dans le nom :

Le Raincy, comme on peut le voir sur d'anciennes cartes, était autrefois divisé en deux parties : *le Rincy* proprement dit et *le Petit-Rincy*.

Aussi rencontre-t-on dans divers documents l'appellation : *les Rincis*.

Il était naturel de dire alors : allons *aux Rincis*, au pluriel, et de là vint l'habitude de dire, même au singulier : allons au Raincy, ce qui a conduit naturellement à généraliser l'emploi de l'article *le* avec ses *contractions*.

Quoi qu'il en soit de ces diverses transformations, il est établi maintenant que l'orthographe consacrée, non seulement par l'usage, mais par les actes administratifs, est : LE RAINCY.

ORIGINES

L faut remonter au douzième siècle pour trouver les plus anciennes données historiques relatives au Raincy.

C'est en effet à cette époque qu'une colonie de l'abbaye de Tyron, de l'ordre des Bénédictins de Chartres, vint fonder un monastère dans la partie de la forêt de Bondy qu'occupe aujourd'hui *le Raincy* et que les chartes du temps appellent *Rinsiacum*.

Nous n'avons trouvé nulle part la date précise de cette fondation, mais elle ne peut être antérieure à la première moitié du douzième siècle, la maison mère n'ayant été fondée elle-même qu'en l'an 1103.

Nous lisons dans l'abbé Lebœuf :

« Une colonie de cette Maison vint demeurer au diocèse de Paris, on ne sait pas précisément le temps; mais ce fut sans doute au douzième siècle, lors de la ferveur de cette congrégation. Ils y établirent un Prieuré dont on ignore les fondateurs. Il fallait que, vers le commencement du règne de Saint Louis, leur établissement fût déjà ancien. En 1238 ils jouissaient d'un territoire d'une certaine étendue. Ils avaient une censive particulière. Leur monastère s'appelait en latin *Rinsiacum*, et leurs dépendances : *Censiva monachorum ordinis de Tyrone*, ou *Censiva Prioris de Reinsiaco*, ou enfin *Territorium monachorum de Reinsiaco*. Il paraît, par plusieurs titres de cette année-là et de la suivante, que les terres qu'on leur avait données en les fondant étaient propres à la vigne. Simon de Bondies, écuyer, et d'autres particuliers possédaient plusieurs pièces de vigne sur la censive du Prieuré de Rainsy ; sept arpents de vigne qu'un chanoine de Troyes donna à la maison de la Mainferme, dépendante de l'abbaye de Livry, l'an 1239, étaient situés à Rainsy. Son acquisition avait été confirmée par Gervais, abbé de Tiron, comme supérieur des moines de Rainsy. L'abbé de Tiron reconnut en 1254 que ce Prieuré et les trois autres que son Abbaye a dans le diocèse de Paris, doivent chacun cinquante sols de procuration à l'évêque de Paris. »

Moins de quatre siècles après, il ne restait plus que quelques faibles restes du monastère et une église ou chapelle sous le vocable de Saint-Blaise, lorsque le sieur Bordier, intendant des finances et conseiller d'État, résolut d'élever en ces lieux un château dont la construction devait entraîner la disparition des derniers vestiges du monastère et de l'église de Saint-Blaise elle-même.

« Le sieur Bordier se munit pour cela du consentement de l'évêque de Metz, abbé de Tiron, et de celui des religieux de la même abbaye. Guillaume Pinot, chanoine du Sépulcre, à Paris, et prieur de Rainsy, avait déjà fait des échanges considérables au bénéfice du sieur Bordier : Gui de la Vacquerie les consomma.

» Il avait d'abord été arrêté que le service du prieuré serait transféré en la chapelle de l'hôtel de Tiron à Paris, et que les ossements qui se trouvaient dans la vieille chapelle seraient portés à l'église ou cimetière de Villemonble.

» Après la visite faite du prieuré par André du Saussay, vicaire général de l'archevêque, l'église fut abattue ; mais ce fut dans la chapelle de Saint-Pierre, de l'église de Saint-Gervais de Paris, que le service du prieuré fut transféré avec la relique de Saint-Blaise, du consentement du curé et du marguillier, moyennant une certaine somme. Le contrat est du 13 décembre 1649. »

LES ARTISTES
CRÉATEURS DU CHATEAU

L château du Raincy fut donc construit dans la première moitié du xviie siècle, de ce siècle que l'on appelle encore le siècle de Louis XIV, mais dont les splendeurs dans les lettres et les beaux-arts commencèrent bien avant le règne de ce monarque.

Le cachet des diverses manifestations de l'art à cette époque était ce que les amateurs désignent maintenant par l'expression : *Style Louis XIII*, style qui jouit d'une si grande faveur de nos jours, surtout dans l'ameublement. Il tient le milieu entre le style plus sévère de *la Renaissance* et le style *Louis XIV* plus orné, plus fleuri et dont la fin commence à se confondre avec les débauches ornementales du style *Louis XV*.

Des artistes qui personnifièrent pour ainsi dire ce style, concoururent à la création du château du Raincy.

Le premier dont nous avons à nous occuper est
l'architecte du château. La construction de cette splendide demeure fut confiée à Louis Leveau, dont le nom
est souvent, mais à tort, écrit Levau.

Louis LEVEAU naquit à Paris en 1612 et y mourut
en 1670.

Il était premier architecte du roi, et construisit ou
plutôt reconstruisit, en même temps que le château du
Raincy, le château de Vaux-Praslin pour le célèbre
surintendant des finances, Fouquet. Sa réputation
d'architecte habile et d'artiste original était établie et
il fut chargé notamment de la construction des hôtels
de Pons, de Lionne, de Pontchartrain, de l'hôtel
Lambert, des ailes du château de Vincennes et, en 1664,
il éleva le pavillon Marsan aux Tuileries. Ce fut
aussi sur ses dessins que François Dorbay, son
gendre, bâtit le Palais-Mazarin, aujourd'hui Palais
de l'Institut.

Ces divers monuments, le dernier surtout, peuvent
donner une idée exacte du style architectural dans
lequel fut élevé le château du Raincy.

ANDRÉ LE NÔTRE, le créateur des jardins à la
Française, dessina le parc, qui fut l'une de ses pre-
mières œuvres. En même temps il développait, dans
la création des jardins du château de Vaux-Praslin,
son génie pour la perspective, le décor et l'ornementation des jardins. C'est au Raincy et à Vaux-Praslin
qu'on vit pour la première fois les portiques, les
grottes, les rochers, les rocailles, les statues, les laby-
rinthes, les berceaux et les treillages embellir les

jardins ; le ciseau du jardinier tailler capricieusement les charmilles, les buis, les ifs, tandis que les *parterres* reproduisaient des dessins élégants, des chiffres et même des armoiries, et que les eaux jaillissaient de partout en gerbes dans des bassins dessinés, eux aussi, comme les parterres.

Nommé directeur des jardins royaux par Louis XIV, Le Nôtre s'illustra par les parcs de Versailles, de Trianon, Chagny, Chantilly, Saint-Cloud, Meudon, Sceaux, par les canaux du parc de Fontainebleau et la célèbre terrasse de Saint-Germain.

Trois peintres furent chargés de l'ornementation intérieure du château du Raincy ; le plus illustre fut Le Brun, qui, comme Leveau et Le Nôtre, fut l'un des créateurs du château de Vaux-Praslin. Élève de Simon Vouet, puis de Poussin à Rome, il fut nommé peintre du Roi, et exécuta les peintures de la grande galerie de Versailles. On lui doit la fondation de l'École française de Rome et de l'Académie de peinture et de sculpture, dont il fut le directeur.

Les peintures de Le Brun, au Raincy, ornaient surtout ce que l'on appela l'appartement du Roi.

Deux autres artistes d'une notoriété moindre, mais dont le talent était fort apprécié, François Perrier et Charles-Alphonse Dufresnoy, ornèrent la plus grande partie de l'intérieur du château.

François Perrier naquit à Saint-Jean de Losne vers 1590, commença ses études artistiques à Lyon et fut les compléter en Italie ; afin de suppléer aux ressources qui lui manquaient pour effectuer ce voyage.

3

il se fit le conducteur d'un aveugle qu'il mena ainsi jusqu'à Rome. Il y travailla pour Lanfranc, au Palais de Tivoli, appartenant au cardinal d'Este. De retour à Lyon en 1630, il fit des travaux importants aux Chartreux, alla ensuite à Mâcon, puis à Paris, où Simon Vouet le chargea de décorer, sur ses dessins, la chapelle du château de Chilly.

Après un second voyage en Italie (1638-1645), Perrier se fixa à Paris, et exécuta des peintures au Palais de Justice, à l'hôtel Lambert, dans la chapelle des Incurables, à l'hôtel de Toulouse et au Raincy. Ses œuvres ont de la fougue et de l'imagination, mais pèchent un peu par le dessin.

Dufresnoy, peintre et poète latin, naquit à Paris en 1611 et mourut à Villiers-le-Bel en 1665. Il fut élève de Perrier et de Simon Vouet et se rendit en Italie en 1632. Il travailla beaucoup d'après Raphaël, tout en se livrant à la poésie. En 1653 il fut à Venise, où il s'enthousiasma du Titien. Enfin, en 1656, il revint à Paris, où il travailla, soit seul, soit avec Mignard, à la décoration de plusieurs établissements publics et privés : le Val-de-Grâce, l'hôtel d'Hervart (aujourd'hui l'hôtel des Postes, en démolition), l'hôtel de Lionne, le Temple et enfin le château du Raincy, pour lequel il fit plusieurs tableaux. Dessinateur correct et bon coloriste, il jouit de son temps d'une grande réputation. Mais il fut surtout célèbre par son poème latin : *De Arte graphicâ*, dans lequel il a exposé les règles de son art.

Perrier et Dufresnoy exécutèrent les plafonds et les trumeaux du château du Raincy.

Perrier, qui excellait comme graveur en camaïeu, orna le salon octogone du rez-de-chaussée de grands tableaux en camaïeu bleu, représentant des sujets grotesques, entourés de cartouches très bizarres dorés et peints.

Dans l'antichambre il peignit à fresque trois tableaux représentant : le *Festin de Bacchus,* le *Triomphe* de ce dieu et une *Vendange.*

Le plafond d'une des chambres à coucher représentait Vénus sur son char précédée des Grâces.

Dufresnoy peignit notamment des plafonds.

Ces peintures furent exécutées de 1651 à 1652.

La date précise des premiers travaux de construction du château est difficile à établir, faute de documents positifs. Plusieurs auteurs la font remonter à 1629 ou 1630; mais si l'on considère que l'architecte Leveau, d'après toutes les biographies, était né en 1612 seulement, il n'aurait eu que 18 ans lorsqu'il entreprit une œuvre qui dénote une si grande maturité d'expérience et de talent.

Disons donc, ce qui paraît certain, que la construction était achevée en 1650, puisque l'ornementation intérieure fut exécutée dans les années qui suivirent.

LE FONDATEUR DU CHATEAU

ACQUES BORDIER, conseiller des finances, secrétaire d'Etat, fut le fondateur du château du Raincy. Les notices historiques publiées jusqu'à ce jour ne contiennent sur lui aucun détail biographique. Elles se bornent à l'énoncé de ses titres et qualités, et ne mentionnent ni la date de sa naissance, ni celle de sa mort.

La plus complète de ces notices, celle de M. Charles Beauquier, exprime d'abord le regret de la perte d'une liasse de soixante pièces des anciens contrats d'acquisitions de terres et bois destinés à former le parc du Raincy, pièces qui ont été brûlées lors du sac du Palais-Royal, en 1848 ; puis elle ajoute :

« Le personnage qui achetait ainsi des terrains pour former un parc était le conseiller des finances Bordier, désigné, dès avant 1643, sous le nom de seigneur du Raincy. A cette date de 1643, il achète

près la forêt de Livry des bois appartenant à l'abbaye
de Saint-Faron, et quelque temps après il se substitue
entièrement à l'abbé de Tyron. »

Puis, après avoir mentionné l'abandon des ruines
du Prieuré et la démolition de la chapelle de Saint-
Blaise, la notice continue :

« C'est à Bordier, secrétaire du conseil d'Etat et
des finances et chancelier de la Reine, qu'il faut rap-
porter l'origine moderne de la propriété du Raincy
telle, à peu près, qu'elle a existé jusqu'à nos jours.
C'est lui qui obtint, plus tard, la permission d'enclore
le parc qui, jusqu'alors, n'avait guère été distingué de
la vaste forêt dans laquelle il était comme perdu. »

Suit une description succincte du château et du
parc ; et, revenant sur son fondateur :

« On s'étonne, dit M. Ch. Beauquier, qu'une
telle demeure princière, qui coûta quatre millions
cinq cent mille livres, qui valaient alors huit ou neuf
millions de notre argent, ait pu être bâtie par un
simple particulier, ayant si peu marqué dans l'histoire *que nous n'avons jamais pu retrouver sa trace.*
Plus heureux que Fouquet, Bordier, qui avait sans
doute amassé cette fortune dans les bénéfices de sa
charge, n'a pas laissé à la postérité une mémoire
entachée d'un scandaleux procès.

» *On ne le connaît absolument que par son château.* »

Suivent quelques conjectures sur la fortune
de Jacques Bordier.

Plus favorisés que notre prédécesseur, nous avons

recueilli des documents qui nous permettent d'apprécier avec plus de certitude la fortune de Jacques Bordier et de donner des détails intéressants sur sa personne, sur ses enfants et même sur leur caractère, leurs habitudes et leur vie intime.

Voici d'abord un extrait des plus importants tiré d'un manuscrit dont nous devons la communication à M. Cousin, le conservateur érudit de la Bibliothèque de la Ville de Paris, à l'hôtel Carnavalet :

« *Catalogue des Partisans*, en 1649...

» Bordier, fils d'un chandelier qui demeure au Marais, rue des Trois-Pavillons, a été généralement de tous les traités qui se sont faits jusqu'à présent, dont il s'est enrichi au point qu'outre les grandes dépenses et avantages qu'il a faits à ses enfants, ayant donné à sa dernière fille huit cent mille livres, il a fait faire un bâtiment qui lui coûte plus de quatre cent mille écus et a acheté une charge huit cent mille livres, sans compter sa maison de Paris, ses beaux meubles et autres biens qu'il possède, montant six fois plus que ce qui est dessus. »

Le manuscrit dont nous avons extrait les renseignements qui précèdent sur la fortune de Jacques Bordier, est un des nombreux écrits qui parurent de 1649 à 1652, et que l'on appelait des *Mazarinades*, parce qu'ils étaient dirigés contre Mazarin et contre les Traitants, Maltôtiers, Partisans, etc., la plaie financière de la France à cette époque.

Ce manuscrit porte comme sous-titre :

Catalogue des Maltôtiers, leurs veuves, héritiers et

bientenans, contre lesquels on peut et l'on doit agir pour
la contribution aux dépenses présentes de la guerre.

C'est, à proprement parler, une dénonciation en
règle de ces personnages, qui généralement s'étaient
enrichis d'une manière scandaleuse dans la perception des deniers de l'État : dénonciation qui, pour
quelques-uns, se limite à la simple indication de leur
adresse ; pour d'autres, les plus importants, ne se
borne même pas à l'appréciation de leur fortune,
mais va jusqu'à indiquer le chiffre de la contribution
à laquelle ils doivent être taxés.

Une autre Mazarinade, dont l'objet était le même,
ainsi que cela ressort de son titre :

« *La vérité toute nue, ou advis sincère et désin-*
téressé sur les véritables causes des maux de l'État et
les moyens d'y apporter le remède. »

prend aussi Bordier à partie dans des termes qui
montrent bien l'animadversion dont ces traitants
étaient l'objet :

« Un Bordier qui, tirant son illustre naissance
d'un chandelier de Paris, a dépensé plus de trois cent
mille escus à bastir sa maison du Rinci par une inso-
lence sans exemple, mais qui mériterait pour l'exemple
qu'on le logeast à Montfaucon, qui est tout proche. »

On voit que si l'écrivain évalue à un chiffre moindre la dépense de J. Bordier, il n'en est pas moins
énergique au point de vue de la peine à lui infliger.

Ces attaques et ces dénonciations étaient-elles
justifiées ?

Le triste état des finances de la France; les abus révoltants dans la perception des impôts de toute nature, *dont la moitié à peine arrivait au Trésor ;* la misère profonde de la population des villes, et encore plus des campagnes, résultant en grande partie de ces abus, expliquent amplement ces dénonciations si elles ne les justifient pas.

Quoi qu'il en soit, il ne semble pas qu'elles aient eu des conséquences bien sérieuses pour Jacques Bordier, car c'est précisément à cette époque qu'il se livrait, soit au Raincy, soit à Paris, à des dépenses de toute nature qui supposaient assurément une fortune tout à fait exceptionnelle, dont nous avons, au reste, constaté la notoriété.

Pour ne parler que des sommes qu'il dépensa au Raincy, d'après l'opinion généralement admise par les premiers écrivains qui en ont parlé, le château aurait coûté quatre millions cinq cent mille livres.

Ce chiffre doit-il être admis sans examen ?

Nous trouvons, dans l'extrait que nous avons donné du *Catalogue des Partisans* relativement à la fortune de Jacques Bordier, l'indication suivante, qui ne peut s'appliquer qu'à la construction du château :

« Il a fait faire un bâtiment qui lui coûte plus de *quatre cent mille écus.* »

Il s'agit ici des écus au soleil, monnaie d'or la plus courante à cette époque, dont la valeur, comme celle de toutes les autres, du reste, augmentait rapidement, et qui valait alors de 5 livres 10 sols à 6 livres.

Les variations si fréquentes à cette époque dans la valeur des monnaies, variations auxquelles les souverains s'efforçaient en vain de faire obstacle, contribuent à rendre fort difficile l'évaluation du prix qu'a pu coûter le château.

Si nous prenions pour base l'indication précitée du *Catalogue des Partisans*, les quatre cent mille écus dont il parle nous donneraient le chiffre de deux millions quatre cent mille livres ; mais si l'on réfléchit que cette évaluation provient d'un *libel* dans lequel la fortune de Jacques Bordier devait être exagérée, on conclura nécessairement que ce chiffre de deux millions quatre cent mille livres était supérieur à la réalité.

La question, en effet, se trouve tranchée dans ce sens par un chroniqueur contemporain qui connaissait parfaitement le château et était à même d'être très bien renseigné.

La citation suivante contient à la fois un portrait du fondateur du château, des appréciations sur le Raincy et une indication de prix qui doit être la vraie. Le contemporain s'exprime ainsi sur Jacques Bordier :

« C'est un homme fort civil quand il veut, mais qui se prend fort pour un autre en toutes choses. Il veut faire le plaisant, et il n'y a pas un si mauvais plaisant au monde. Il a fait aux Raincys une des plus grandes folies qu'on puisse faire ; cela l'incommodera, à la fin, car il faut bien de l'argent pour entretenir cette maison. Il est vrai que le lieu est fort agréable

et que, malgré le peu d'eau, le terrain fâcheux pour
cela et pour les terrasses, et toutes les fautes qu'il y a
à l'architecture, c'est une maison fort agréable. *On
dit qu'elle lui coûte plus d'un million.* »

Sans nous arrêter, pour le moment, sur les *fautes
qu'il y a à l'architecture*, disons que ce chiffre d'*un
million* nous semble le vrai, en raison de la valeur
relative de l'argent à cette époque. Le million de la
fin du règne de Louis XIII représente de nos jours
de quatre à cinq millions, et c'est ainsi que se justi-
fierait l'évaluation, transmise par une tradition peu
ancienne, du chiffre de quatre millions cinq cent
mille livres.

Malgré le *peu d'eau* qui a toujours été, paraît-il,
le défaut du Raincy, de puissants jets d'eau rafraî-
chissaient l'air en jaillissant de vastes bassins qu'en-
touraient les parterres du château ; et quant à l'*architecture*, la description minutieuse que nous en allons
faire montrera si la critique du chroniqueur est
fondée.

DESCRIPTION DU CHATEAU

Ntouré de larges fossés, le château du Raincy s'étendait sur un vaste rectangle. Ces fossés étaient maçonnés et surmontés, au-dessus du sol, d'un mur d'appui formant bahut, avec pilastres et balustres dans les intervalles.

La façade principale, d'un aspect imposant, et précédée d'une vaste cour d'honneur, donnait du côté de Livry.

A l'entrée, le mur d'appui du fossé décrivait un élégant fer à cheval, précédant un pont-levis donnant accès dans la cour d'honneur.

Cette cour était fermée, à l'extrémité du pont-levis, par une grille en fer forgé monumentale, portant sur deux larges piles en pierre ornées de cariatides à gaines, surmontées de trophées guerriers, et soutenue par des consoles en pierre formant éperon et reposant sur le mur d'appui bordant la face intérieure des fossés.

A chaque extrémité s'élevaient deux pavillons carrés, dont les assises baignaient dans les fossés. Ces pavillons, d'un rez-de-chaussée seulement, présentaient, sur chaque façade, deux larges fenêtres, avec des pilastres doriques à bossages, surmontés d'un entablement à triglyphes, avec acrotère au-dessus, orné de socles, de balustres et de parties pleines, décorées de sculptures au-dessus des socles, et de larges vases décoratifs. Le milieu de la façade de ces pavillons était orné d'une niche circulaire garnie d'une statue. Le comble, à la française, se terminait par une galerie formant terrasse, avec appuis à balustres, et surmontée d'un campanile de forme allongée, à comble arrondi, terminé par deux épis; le campanile présentant, sur chaque face, des arcades ajourées.

Ces deux pavillons étaient reliés au bâtiment principal par deux galeries à arcades, séparées par des pilastres d'ordre dorique et de même hauteur que les pavillons, dont les acrotères se continuaient au-dessus desdites galeries.

Toutes deux étaient ornées de niches avec statues. Celle de gauche se terminait par une terrasse, et les arcades en étaient à jour.

Celle de droite contenait les offices et cuisines, et la façade extérieure était ornée de pilastres doriques reproduisant l'architecture, déjà décrite, des deux pavillons.

Ces deux galeries, les pavillons et la grille d'entrée fermaient de trois côtés la cour d'honneur rectangulaire, terminée au fond par la façade principale du château.

Eleuation de l'entrée du Chasteau de Rincy

Le château proprement dit se composait de trois parties distinctes.

Celle du milieu, de forme oblongue, présentait une saillie semi-circulaire. On accédait au rez-de-chaussée par un perron de quelques marches. L'architecture, de style dorique, avec pilastres et bossages, comprenait deux étages. Le deuxième était orné d'une croisée centrale avec chambranles, ornée de larges consoles d'appui et surmontée d'un fronton triangulaire. D'autres croisées, moins ornées, régnaient au pourtour de cet étage. Au-dessus de l'entablement et dans l'axe des trumeaux, de larges vases de pierre sculptés se détachaient sur le comble en ardoises, dont le poinçon était décoré d'un vaste motif en plomb repoussé.

A cette partie centrale aboutissaient deux corps de bâtiments s'élevant d'un rez-de-chaussée et d'un étage. L'acrotère qui les terminait se raccordait avec les balcons à balustres du deuxième étage dù bâtiment central. Les façades étaient percées de deux fenêtres carrées, séparées par un trumeau dont le centre présentait une console supportant un buste antique, l'architecture générale présentant toujours le même style dorique.

Ces deux corps de bâtiments étaient terminés par un comble brisé, couvert en ardoises avec membron et poinçon en plomb repoussé, dont l'égout venait se perdre dans le chéneau au niveau du plancher du deuxième étage du bâtiment central. Cette disposition, du plus gracieux effet, dégageait le second étage du

5

bâtiment circulaire et lui donnait plus d'importance, tout en facilitant l'éclairage et l'aération.

Ces deux combles venaient se raccorder, en formant pénétration, dans les combles élevés de deux majestueux bâtiments carrés, en aile, terminant de chaque côté la monumentale façade principale (*).

Les deux pavillons ou bâtiments extrêmes de la façade principale avaient moins de saillie que la partie centrale semi-circulaire. Ils comprenaient un rez-de-chaussée et premier étage avec pilastres et entablements de style dorique et se raccordaient, comme hauteur, avec les deux constructions les reliant à la partie centrale. Les pilastres doriques, sans bossages ni cannelures, reposant sur un socle formant soubassement, s'élevaient dans la hauteur des deux étages, comportant trois croisées sur chaque façade. Les parties pleines entre les pilastres et les voussures des croisées avec refends formant appareils, sauf le dessus des croisées du rez-de-chaussée, et se trouvaient de même ornées de triglyphes se raccordant avec l'entablement des galeries et des pavillons en avant sur la cour d'honneur.

Ces deux pavillons d'angle de forme carrée, comme nous l'avons dit, étaient surmontés de combles à la française à quatre arêtiers, avec terrasson

(*) Les deux *élévations* que nous reproduisons présentent une disposition différente de ces combles, mais l'auteur de cette description maintient que celle qu'il indique est la véritable.

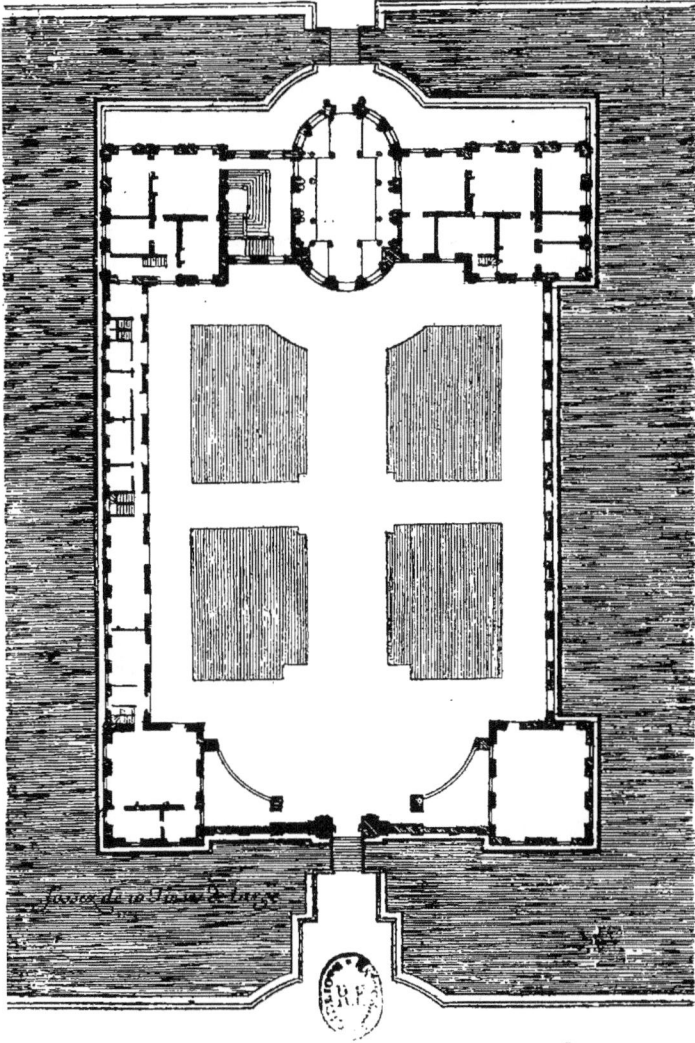

30. Toises.

Sovix de 10 Toises de lar.

Plan du Chasteau de Rincy a trois leües de
Paris apartenant à Monsr. Bordier.   Iean marot fecit.

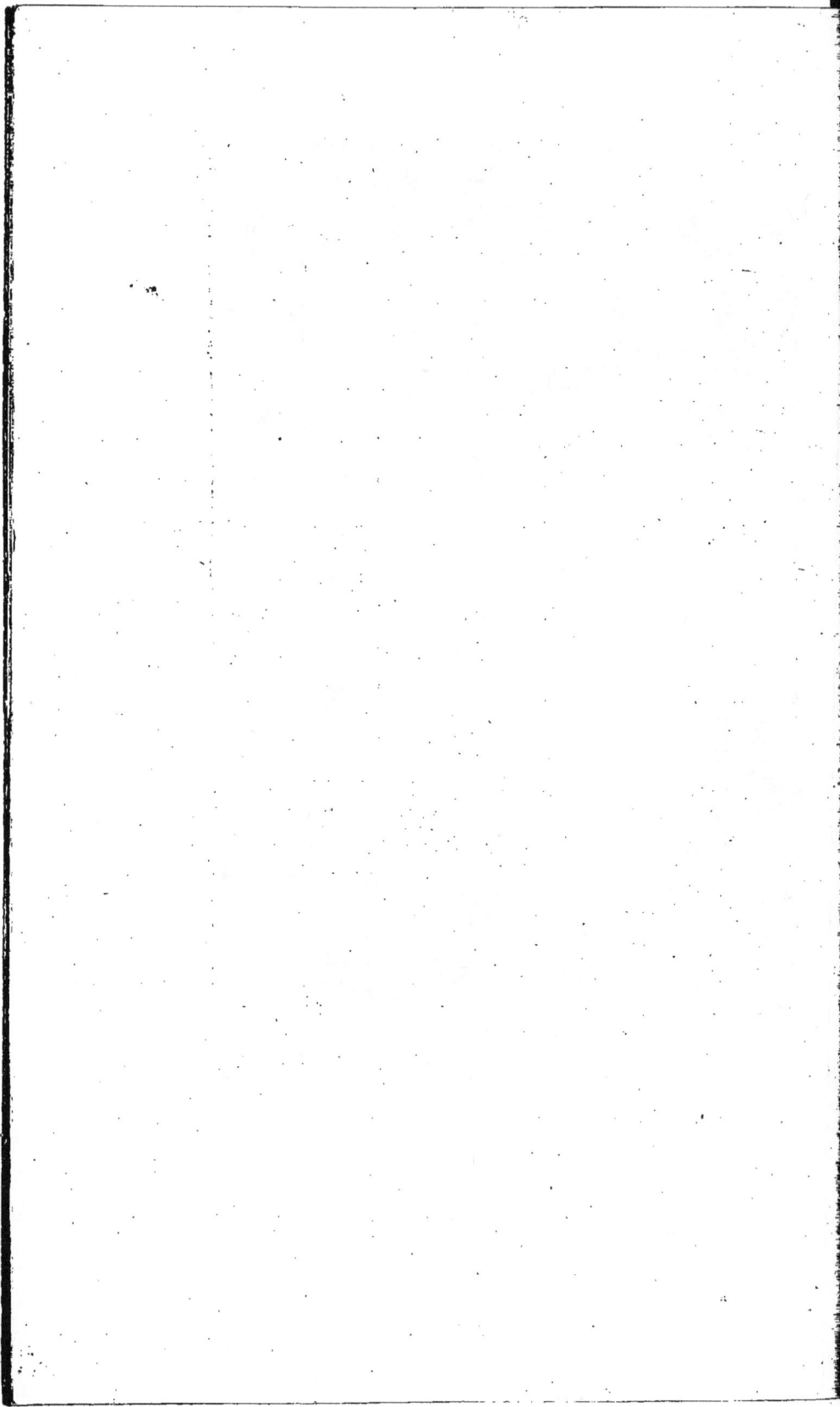

sur le faîtage orné de quatre poinçons en plomb repoussé. Au-dessus de l'entablement, le comble était percé de trois lucarnes avec consoles formant jambages, surmontées d'un fronton triangulaire.

Les combles donnaient passage à de hautes cheminées, d'aspect monumental.

Du côté opposé, donnant sur les jardins, la façade du château reproduisait les dispositions et les détails d'architecture de la façade intérieure que nous venons de décrire.

Cette façade présentait un développement de trente toises (60 mètres), et, comme les trois autres faces, était baignée par les larges fossés entourant, comme nous l'avons dit, le rectangle. Ils présentaient, comme à l'entrée, un fer à cheval avec pont-levis, donnant accès dans les jardins dont la partie faisant face au château était disposée en *parterres* ou *jardins de propreté*, à larges dessins d'arabesques avec bassins, jets d'eau et autres ornements dont nous avons parlé à propos de Le Nôtre qui les avait dessinés.

A gauche, en sortant du château, le terrain en surélévation formait terrasse garnie de charmilles. Les murs, tout en verdure, soutenaient une large promenade, dont le côté opposé était bordé d'arbres de haute futaie se continuant sur les *coteaux* du parc proprement dit. De cette promenade la vue embrassait la façade élégante du château, la galerie des offices et dominait les parterres, ainsi que le côté opposé des jardins, placé en contre-bas et auquel on accédait par de larges perrons. Ce côté était de même garni de murs de verdure en charmilles et orné de parterres avec arabesques, de bassins avec eaux jaillissantes et d'arbres verts affectant les formes les plus variées.

On entrait dans l'intérieur du château par le pavillon central semi-circulaire. Deux portes opposées y donnaient accès, précédées chacune d'un perron de quelques marches de forme arrondie. L'une de ces deux portes donnait sur la cour d'honneur, l'autre sur les jardins à la française. Cette dernière, plus monumentale que l'autre, était précédée de deux colonnes isolées de chaque côté du perron, formant avant-corps.

On pénétrait directement dans ce vestibule splendide comportant toute la superficie du pavillon central et décrivant la forme ovale. Il mesurait dans son plus grand axe, de l'une des portes à l'autre, dix toises, soit vingt mètres de longueur, et dans sa plus grande largeur six toises, soit douze mètres.

Au milieu de ce vestibule, une partie rectangulaire était décrite par douze colonnes isolées, avec archivoltes et arcs-doubleaux se reliant à d'autres colonnes accouplées au long des murs formant répétition pour les quatre colonnes centrales.

D'autres colonnes isolées s'élevaient de distance en distance le long des murs. Dans les entre-colonnements étaient disposées les croisées et, dans les trumeaux, des niches ornées de statues.

A droite et à gauche, dans le petit axe de cette salle et dans les entre-colonnements du milieu formés

Plan du Chasteau de Rincy

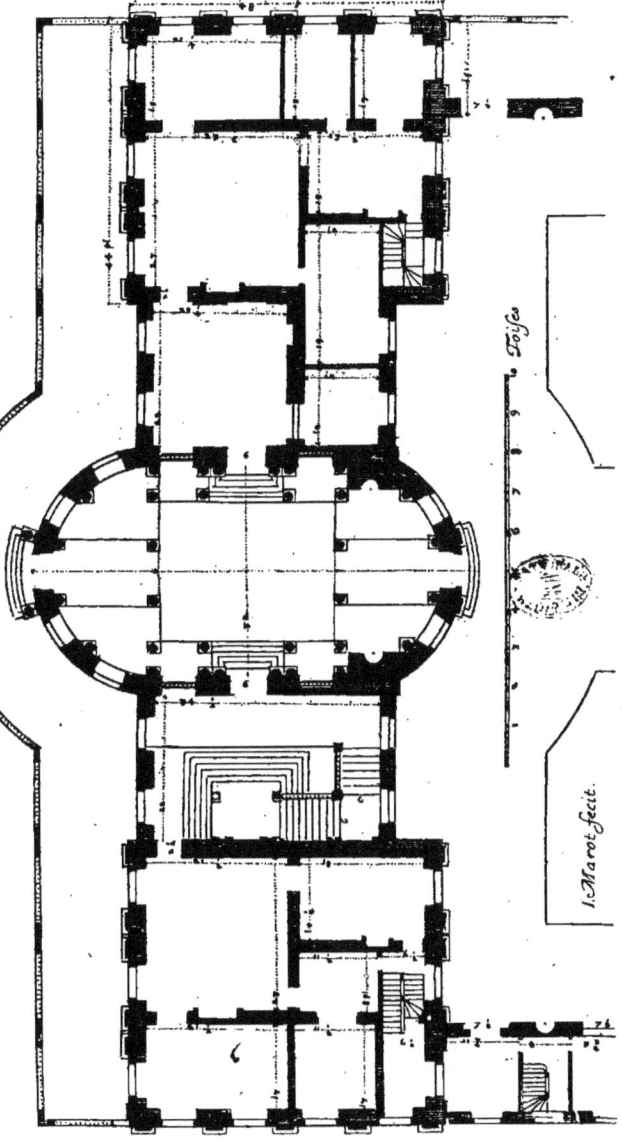

Appartenant à Monsieur Bordier

Toises

I. Marot fecit.

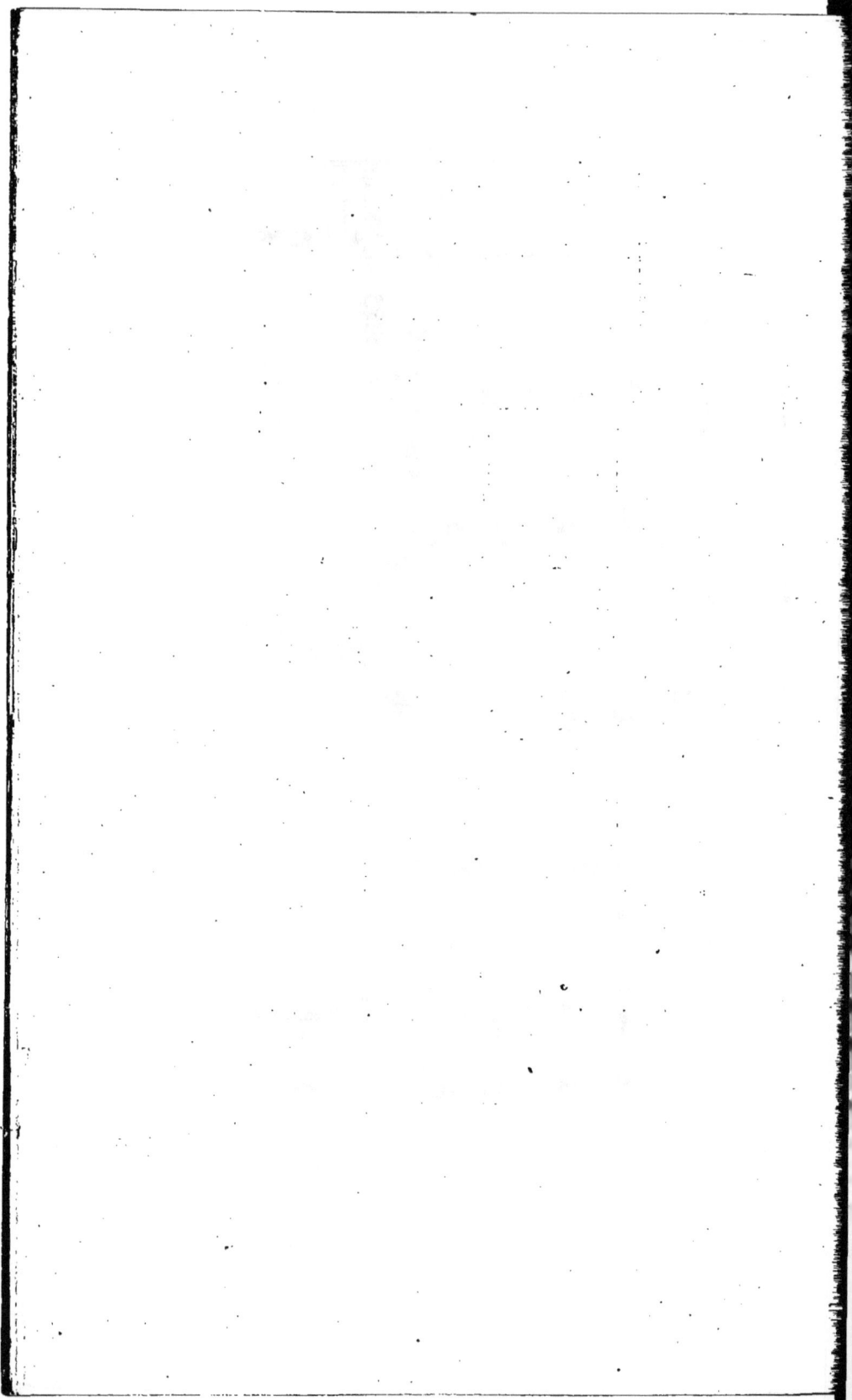

par les colonnes accouplées, se trouvaient deux perrons : celui de droite donnait accès dans les appartements du rez-de-chaussée, celui de gauche précédait
le grand escalier *à la française*, c'est-à-dire à larges
rampes à angle droit, d'un aspect monumental et qui
conduisait au premier étage.

Les douze colonnes isolées de la partie rectangulaire, les huit colonnes accouplées flanquant les deux
perrons intérieurs, dix colonnes isolées le long des
parois semi-circulaires et deux colonnes au perron
du jardin formaient un ensemble de trente-deux colonnes d'ordre dorique, chacune d'un seul morceau,
décorant ce vestibule princier.

En outre des deux grands escaliers partant de
cette salle, deux autres moins importants se trouvaient sous les pavillons extrêmes, et la galerie des
offices en contenait trois.

L'escalier conduisant aux appartements était
d'ordre dorique comme les colonnes (*).

En dehors des détails donnés précédemment, nous
n'avons pas trouvé sur les dispositions, l'ameublement
et l'ornementation des appartements, des indications
pouvant s'appliquer à l'état du château à l'époque qui
nous occupe. Car il est à remarquer que beaucoup de
détails sur l'intérieur ou sur l'extérieur, que l'on rencontre dans les notices plus ou moins succinctes pu-

(*) Rendons ici hommage au concours amical que nous a
prêté M. Jacques Bailly, l'habile architecte, en nous dictant
cette savante et exacte description, d'après les documents que
nous reproduisons.

C. C.

bliées jusqu'à ce jour, s'appliquent à des époques
tout à fait différentes.

Pour ne citer qu'un fait : toutes les notices par-
lent de deux avenues, l'une du côté de Paris, l'autre
du côté de Livry conduisant au château, la première
formée de quatre rangées d'arbres. Or, nous ne trouvons dans aucune des gravures du temps qui nous
ont permis de faire une description si détaillée du
château, et dont le cadre embrasse la campagne envi-
ronnante, nous ne trouvons, disons-nous, aucune indication de ces deux avenues. Elles existèrent, en
effet ; celle du côté de Paris avait huit cents toises de
longueur et celle du côté de l'abbaye de Livry six
cents toises, mais elles ne datèrent que d'une époque
bien postérieure à celle dont nous nous occupons.

JACQUES BORDIER

ET SA FAMILLE

OMME nous l'avons dit, Jacques Bordier, le fondateur du château, était apprécié en quelques mots par un contemporain :

« C'est un homme fort civil, quand il veut, mais qui se prend fort pour un autre en toutes choses. Il veut faire le plaisant, et il n'y a pas de si mauvais plaisant au monde. »

Nous ne pouvons mieux faire que de reproduire textuellement tout ce que le chroniqueur dit sur Jacques Bordier et sa famille :

« Bordier, aujourd'hui intendant des finances, est fils d'un chandelier de la place Maubert, qui le fit étudier. Il fut quelques temps avocat, puis, s'étant jeté dans les affaires, il y fit fortune, et fut secrétaire du conseil. Il n'y a pas plus de dix ans que son père était mort. Il fut longtemps fâché contre son fils de ce

que, pour l'obliger à se défaire d'une charge de crieur
de corps (entrepreneur de pompes funèbres), il lui
avait suscité un homme par qui il lui en avait tant fait
souffrir, qu'enfin le bonhomme l'avait vendue. Ce
chandelier était fort charitable, son fils lui a toujours
porté respect.

» Il lui arriva une fâcheuse aventure du temps
du cardinal de Richelieu. Son Éminence, en revenant de Charonne, pensa rester dans le faubourg
Saint-Antoine, qui alors n'était point pavé : au moins
n'y avait-il qu'une chaussée fort étroite au milieu et
dont le pavé était tout défait. Le cardinal le voulut
faire paver, et demanda à Bordier qu'il avançât dix
mille écus pour cela : ce fut à l'arsenal qu'il lui parla.
Bordier lui dit qu'il n'en avait point. Le *satrape* n'é-
tait pas accoutumé d'être refusé, le voilà en colère, il
relègue Bordier à Bourges. En cette extrémité, notre
nouveau riche a recours à Mlle de Rambouillet, car
ses affaires dépérissaient. Il avait déjà, en quelque
rencontre, éprouvé la bonté et le crédit de cette demoiselle. Elle fit si bien, par le moyen de Mme d'Ai-
guillon, qu'elle obtint le rappel de Bordier; mais
pour raccommoder le cardinal, il fallut qu'il avouât
qu'il avait perdu le sens, que cela avait été un aveu-
glement et qu'il se mît à genoux. Mlle de Rambouillet n'en fut guère bien payée, car M. de Rambouillet
ayant eu affaire de cet homme quelque temps après,
il en fut traité si incivilement qu'il demanda à celui
qui le menait si c'était bien M. Bordier à qui il avait
parlé. »

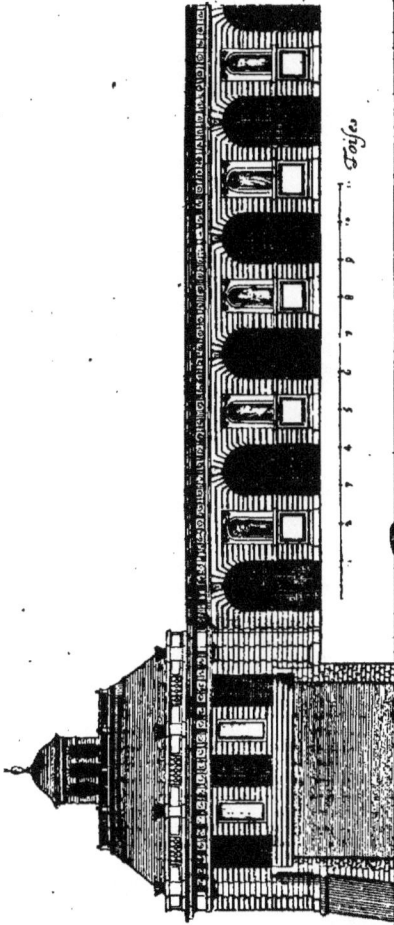

Profil du dedans du Château de Rincy

Toise

I. Marot fecit

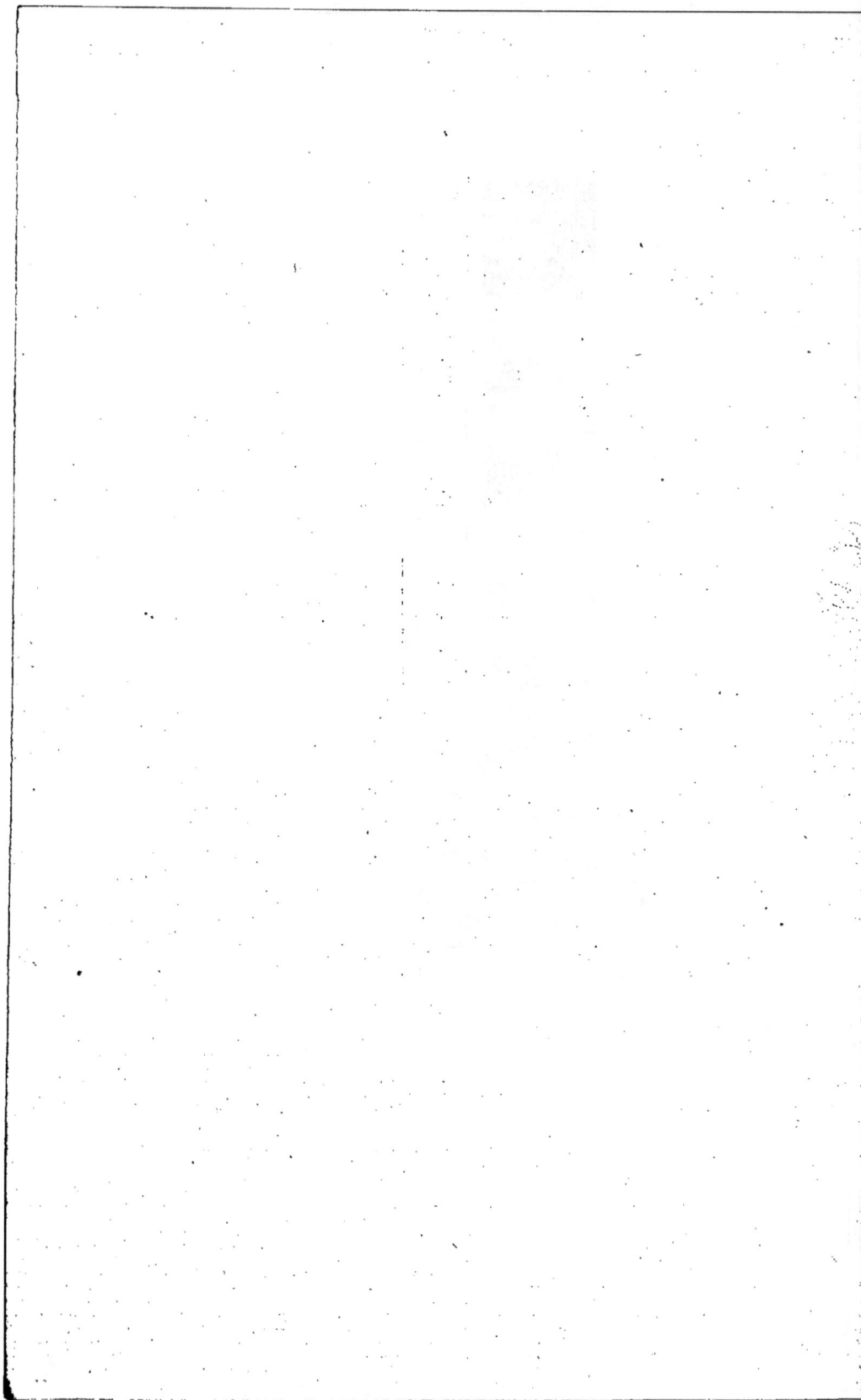

Cette aventure est racontée d'une manière un peu différente par un autre écrivain du temps :

« Un jour Bordier, ce célèbre partisan qui fit bâtir la belle maison du Raincy, revenait de Rueil avec le cardinal de Richelieu, qui lui avait fait l'honneur de lui donner une place dans son carrosse; il fit un si mauvais temps et le chemin était si mal pavé, que l'attelage, tout bon qu'il était, faillit demeurer dans la boue. Peu s'en fallut même que le carrosse ne restât; ce qui obligea Son Éminence à charger M. Bordier du soin de faire raccommoder le pavé. Bordier, qui ne trouvait pas cette commission digne de lui, ne dit point qu'il ne voulait point le faire, mais la manière dont il la reçut fit assez connaître qu'il n'en était pas content. *Monseigneur*, dit un évêque qui était dans le même carrosse, *je me charge avec joie de l'ordre qui chagrine M. Bordier, et je me ferai un honneur de l'emploi qui lui cause de la peine.* Le cardinal, à qui il était dangereux de déplaire, en voulut mal à Bordier, et sa ridicule fierté lui attira une juste disgrâce.

» Laffemas fit à propos de cette aventure l'épigramme suivante :

Bordier pleure sa décadence :
Au lieu de se voir élevé
Par les degrés à l'intendance,
Il est tombé sur le *pavé*.
A l'arsenal un coup de foudre
A pensé le réduire en poudre,
    A faute de s'humilier.
C'est son arrogance ordinaire :
Pour être fils d'un chandelier,
Il a bien manqué de lumière.

» A propos de cela, Bordier maria, en 1659, sa nièce Liébaud, fille de sa sœur, à Lamezan, lieutenant des gendarmes. Mme Pilou, voyant qu'on mettait des armes et des couronnes au carrosse, dit chez Mme Margonne, bonne amie de Bordier : *Ma foi! cela sera plaisant de voir ses armoiries. Qu'y mettront-ils? Trois chandelles?* Cela déplut furieusement à Mme Margonne, car il y avait du monde; la bonne femme s'en aperçut et dit en riant : *Voyez-vous, il est permis de radoter à quatre-vingt-deux ans; il y en a bien qui radotent plus jeunes.*

» Cet homme n'est pas heureux en enfants.

» L'aîné, qui est une pauvre espèce d'homme, s'est marié pour lui faire dépit, et voici d'où cela vient. Ce garçon devint amoureux de la fille du premier lit d'un M. Margonne, receveur général de Soissons. La seconde femme de ce Margonne était la bonne amie, pour ne rien dire de pis, de Bordier : ils étaient voisins. La fille était bien faite, elle a beaucoup d'esprit et beaucoup de cœur. Le jeune homme ne lui parle point de sa passion, il lui portait trop de respect; mais assez d'autres lui en parlaient. Cela dura quatre ans qu'elle évitait toujours sa rencontre, et on ne lui saurait rien reprocher. Le fils en parle, on en fait parler à son père qui va trouver Mme Pilou et lui dit : *Après avoir bâti* LES RAINCYS (voyez la vanité de l'homme), *vais-je dire à la Reine :* MADAME, JE MARIE MON FILS A ANNE MARGONNE? Mme Pilou se moqua de lui, et lui dit que la reine n'avait que faire à qui il mariât son fils, et lui chanta sa gamme comme il le fallait.

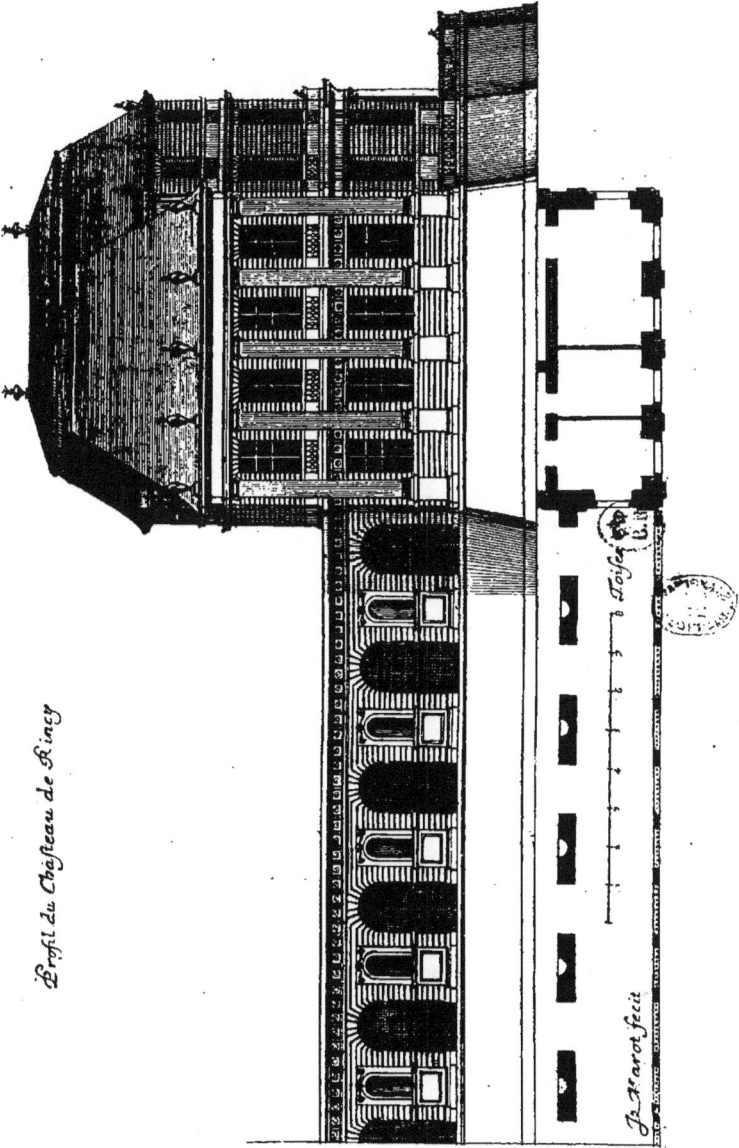

Profil du Château de Rincy

J. Marot fecit

7

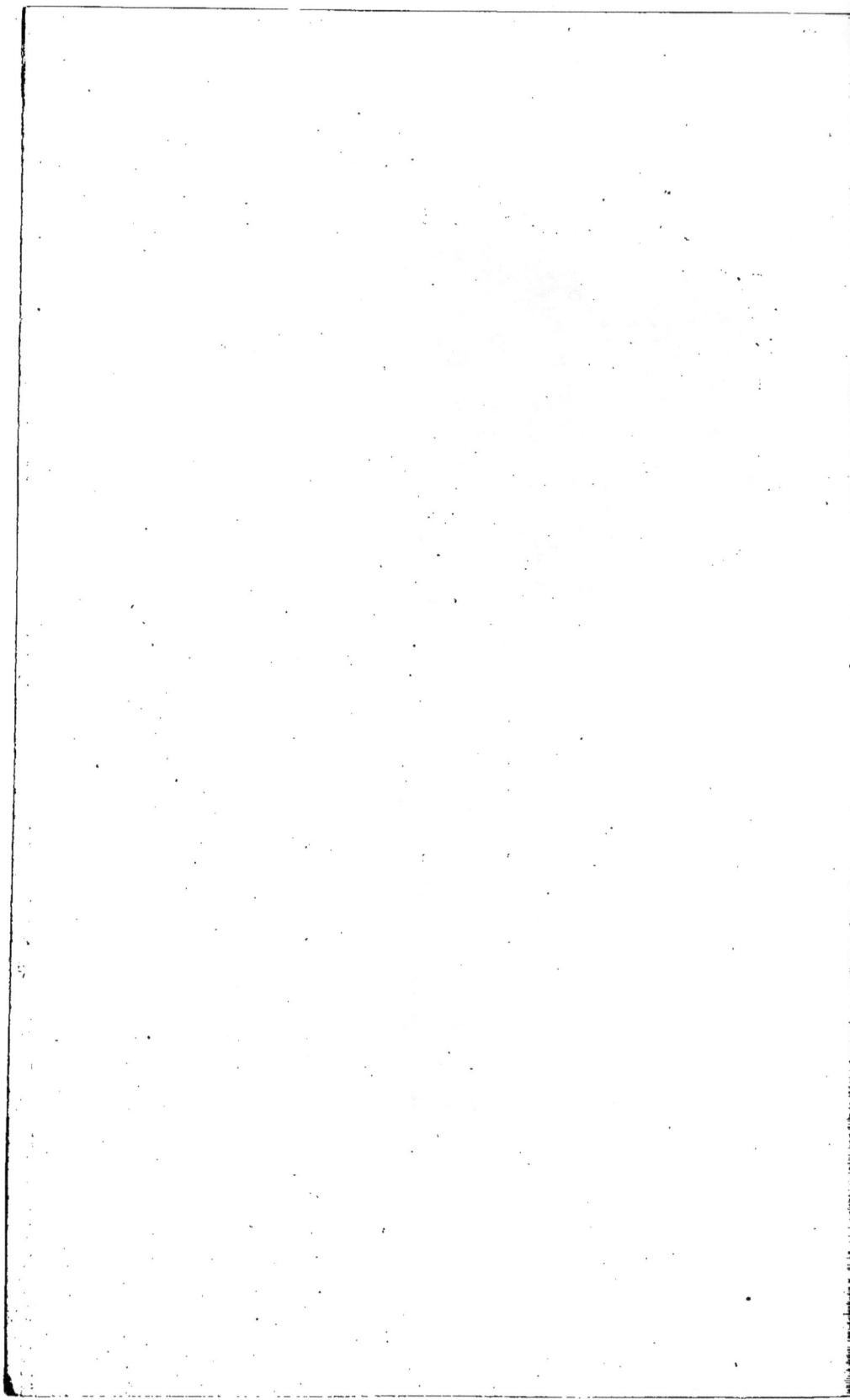

» On dit à Mlle Margonne que si elle voulait on l'enlèverait. Elle répondit qu'on s'en gardât bien et qu'elle ne le pardonnerait jamais. Le fils de Bordier désespéré se jette dans un couvent; le père ne savait où il était. La demoiselle ne l'ignorait pas et si elle eût daigné avertir le jeune homme d'y demeurer encore quelque temps, le bonhomme eût consenti à tout; mais cette jeune fille, qui avait l'âme bien faite, ne voulut jamais rien faire qui ne témoignât du courage. Enfin, il vint à dire qu'il lui donnerait sa charge de conseiller au Parlement avec douze mille livres de rente, et qu'on fît l'affaire sans l'obliger d'y signer. La fille, qui se conseillait à sa belle-mère, car le père (M. Margonne) n'en savait rien, voyant que cette femme, qui pourtant ne manque point de sens, s'ébranlait, a vite recours à Mme Pilou, qui fut de l'avis de la fille. Elle disait : « Ou il me demandera » son manteau sur les deux épaules, et comme on a » accoutumé de faire, ou il ne m'aura pas! »

» Nolet, premier commis de M. Jeannin, et alors commis de M. Fieubet, son oncle, se présenta : on fit le mariage. Mme Pilou fit l'affaire et la proposa. Bordier, au désespoir, s'en va en Hollande, et Mlle de Herd, fille d'un conseiller, fit ce que Mlle Margonne n'avait pas voulu faire. Ce qui l'avait le plus irritée contre Bordier, c'est que cet homme, qui disait qu'il ne souhaitait rien tant qu'une belle-fille comme elle, dès qu'il vit son fils épris, la traita le plus incivilement du monde, elle qui en usait si bien. Elle a de l'esprit, de la vertu, du cœur; c'est une personne fort raisonnable. Elle a eu du bonheur, car elle vit doucement avec son mari, qui l'estime fort, et elle est estimée de toute la famille, à tel point qu'elle y est comme l'arbitre de tous leurs différends, et Bordier a été contraint de vendre sa charge; le jeu et les femmes l'ont incommodé, et on doute que le père soit à son aise. Cet homme n'en usa point mal en l'affaire de son fils, car il ne s'emporta point, ne dit rien contre la personne; aussi aurait-il eu tort. Depuis, il le lui a pardonné; mais il n'y a pas de cordialité entre eux.

» Avant la révocation des prêts, cet homme craignait le serein, se serrait le nez quand le serein le surprenait à l'air : il avait sans cesse des étouffements. Depuis, quand il a fallu songer tout de bon à l'empêcher de donner du nez en terre, il n'a plus craint le serein, et n'a pas eu le moindre étouffement. »

Les détails que nous venons de donner s'appliquent au fils aîné de Jacques Bordier, Hilaire Bordier, qui était conseiller au Parlement, en 1644.

Hilaire Bordier, pas plus que son père, n'échappa aux attaques des Mazarinades. Resté fidèle à la cause du Roi, il avait, pendant la Fronde, fait partie des conseillers qui transportèrent à Pontoise le siège du Parlement.

A cette occasion parut une Mazarinade intitulée :

« *Le Parlement burlesque de Pontoise, contenant* » *les noms de tous les présidents et conseillers rené-* » *gats qui composent ledit Parlement, ensemble les* » *harangues burlesques faites par le prétendu premier* » *président.* »

Ce pamphlet, publié en 1652, contient un portrait de chacun des membres de ce Parlement de *renégats*, et voici celui du fils aîné de Jacques Bordier :

> Ce deuxième au nez boutonné
> Et de rubis damasquiné
> Est de Bordier la géniture
> Et d'un chandelier la facture;
> Son père fut de tous mestiers,
> Et parmi les maletostiers
> A tenu la première place.
> C'est comme il s'est de biens farcy;
> Tesmoin l'insolent Rainsy...
> De ce fils la plus grande gloire
> Est de manger et de bien boire.

Ce fut probablement à son dévouement à la royauté qu'Hilaire Bordier dut d'être nommé président à la Cour des aides, en 1676.

Le fils aîné de Jacques Bordier mourut en 1691.

Son second fils se nommait comme lui Jacques Bordier; il fut aussi conseiller du Roi et mourut en 1666.

On l'appelait généralement M. des Raincys. Il était d'un caractère extravagant et bizarre. — Nous reprenons nos citations :

« Étant allé à Rome, il y passa pour le plus fou des Français qui y eussent encore été. Il avait mis des houppes rouges à ses chevaux de carrosse, comme un homme de grande qualité; Le Barrigel lui en parla. Il lui ouvrit une cassette pleine de louis et lui dit tout bas : « Qui a cela à dépenser en un voyage » de Rome, peut mettre telle houppe qu'il lui plaira

» à ses chevaux. » Le Barrigel vit bien que c'était un extravagant et le laissa là. Il fit le galant de la princesse Rossane, et pour faire connaissance, il battit un des estaffiers de cette princesse en sa présence; et un jour qu'elle ne le regarda pas au Cours, il mit les pieds sur la portière, le chapeau renfoncé dans sa tête et la morgua; elle en rit. Il avait fait son cocher à courir à toute bride contre les carrosses où il y avait des gens avec des lunettes sur le nez, comme on en voit quantité en ce pays là. Il avait une canne qu'il mettait en arrêt comme une lance, et criait : *au faquin! au faquin!* Entre chien et loup, il allait par certaines rues tout nu, enveloppé d'un drap qu'il ouvrait quand il passait quelque femme.

     » L'opinion que l'on avait que c'était un fou achevé lui sauva la vie, autrement on l'eût assommé de coups. Il fit faire des soutanes de *tabis* pour lui et pour quelques autres, afin de faire *fric-fric* la nuit et de faire peur aux Italiens. De retour, comme on l'obligeait à jouer trop tard à sa fantaisie chez son père, il fit apporter son peignoir en présence de son père et de Mme Margonne : il se fait peigner et mettre ses cheveux sous son bonnet. Le père, qui est fier aux autres, se laisse *mâtiner* à ce maître fou. Il se délecte de passer pour un impie, et il tourmente son père et lui veut faire rendre compte, quoiqu'il eût un carrosse à quatre chevaux entretenu, lui, un valet de chambre et quatre laquais nourris, avec huit mille livres pour s'habiller et pour ses menus plaisirs.

     » Une fois il parla d'amour à une femme qui ne

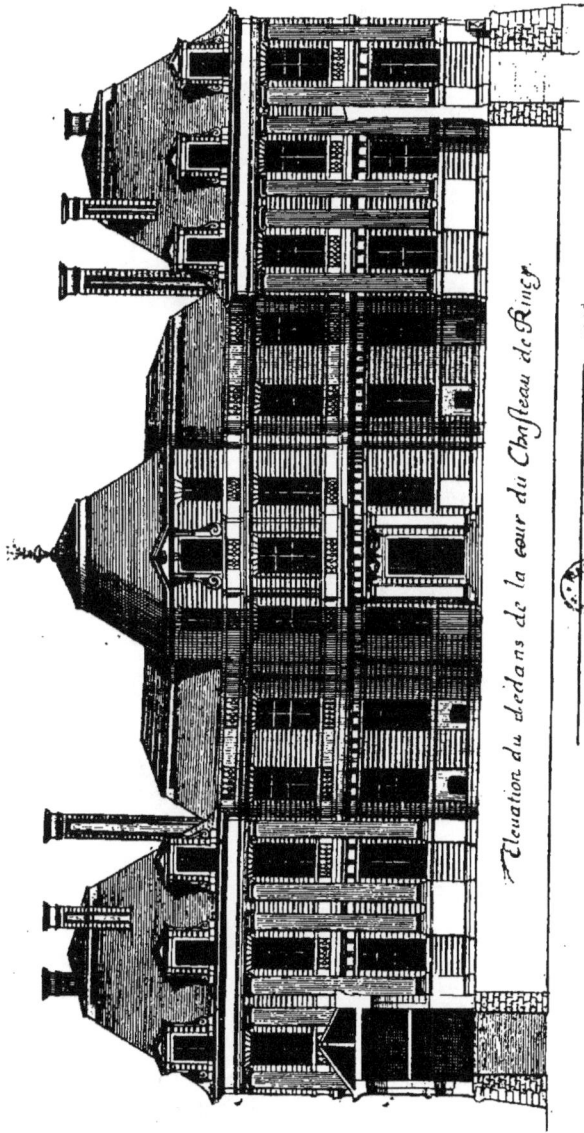

Elevation du dedans de la cour du Chasteau de Rincy

L. Merot fecit

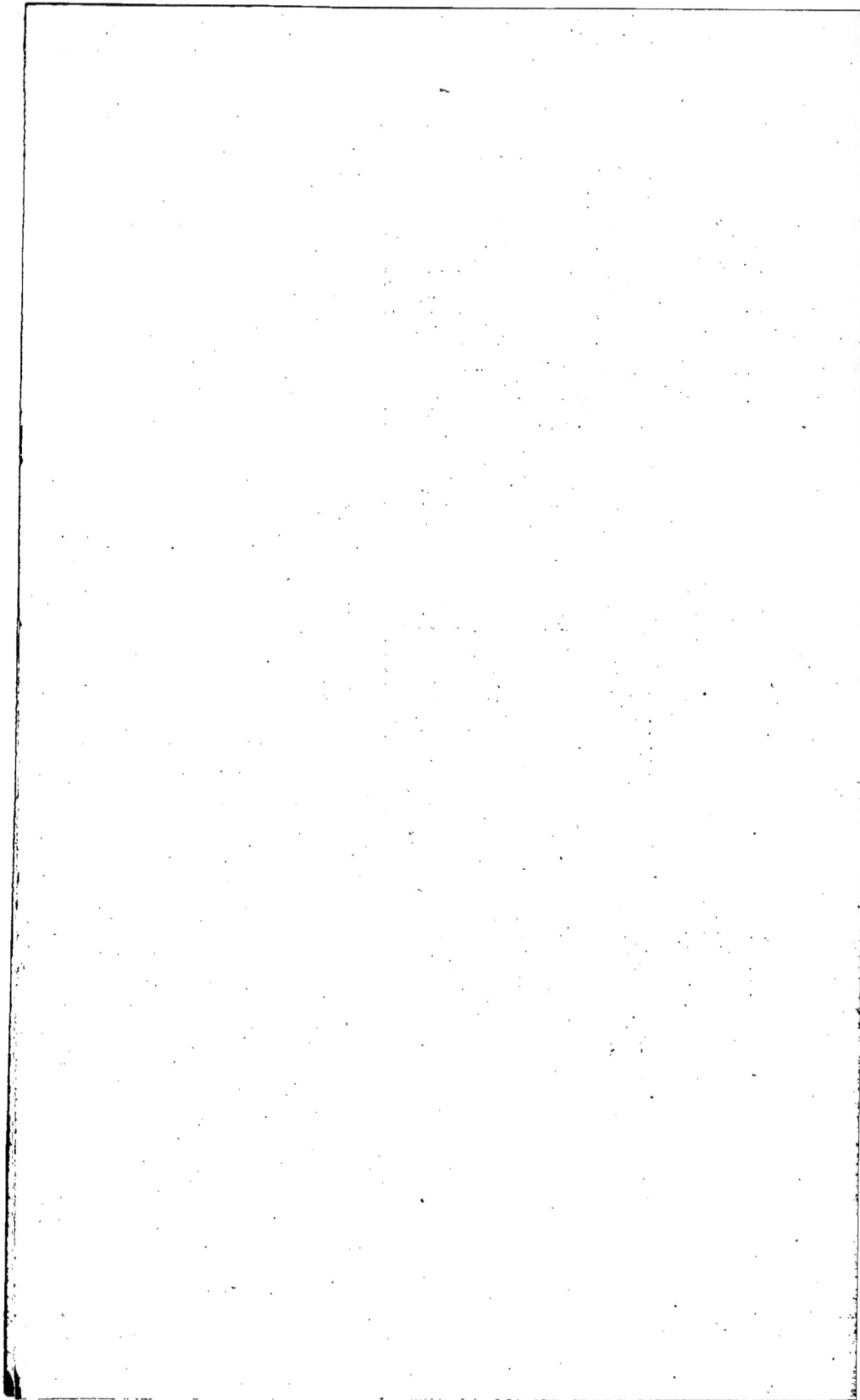

l'ayant pas autrement écouté, il se mit à se promener à grands pas, une heure durant, tout autour de la chambre, frottant tous les murs et sans rien dire.

» Elle s'en moqua fort et il fut contraint de la laisser là.

» Il fut une fois une heure entière à chanter devant une barrière de sergents :

> Les recors et les sergents
> Sont des gents
> Qui ne sont point obligeants.

» Enfin le sergent commença à vouloir prendre la hallebarde, et le cocher à toucher.

» Ce n'est pas qu'il manque d'esprit, il en a assez pour faire de méchants vers. Ceux qui le fréquentent disent qu'il n'a pas l'âme mal faite. Pour moi, je trouve qu'il fait si fort le marquis, que j'aurais, toutes les fois que je le vois, envie de lui dire l'épigramme de Laffemas.

» Il lui arriva, au printemps de 1658, une querelle avec La Feuillade, dont le monde ne fut nullement fasché. Il devait aller avec Mme de Franquetot et Mme Scarron cul-de-jatte (qui fut plus tard Mme de Maintenon) au Cours, ou quelque autre part ; mais elles voulaient achepter des coiffes et des masques en passant. La Feuillade y vint faire visite. Raincys, qui fait l'homme d'importance, sans considérer que l'autre était plus de qualité que lui et assez mal endurant, dit à ces dames qu'il serait tems de partir, et que, pour peu qu'elles ne trouvassent, par hasard, des coiffes ou des masques à leur fantaisie, il se passerait quel-

8

ques heures à cette emplette ; après il se mit à contre-
faire les *niépesseries* des femmes. La Feuillade, qui
ne trouvait pas cela trop plaisant, dit : « Vous pour-
riez ajouter encore que la flèche se pourrait bien
rompre ! — En ce cas là, dit Raincys en goguenar-
dant, elles auraient l'honneur de ma conversation,
qui n'est pas trop désagréable. — Ma foi ! répliqua
La Feuillade, pas si agréable aussi que vous pense-
riez bien ; » et lui dit quelque chose encore sur ce
ton là : « Mesdames, il faut vous laisser partir, aussy
» bien Monsieur que voilà ne se trouverait peut-être
» pas trop bien de notre conversation. » Raincys a été
si bon que de s'en plaindre au maréchal d'Albret,
à cause qu'il le connait. Cela est ridicule, car il semble qu'il ait prétendu qu'on en fit un accommodement.
Le maréchal d'Albret en a parlé à La Feuillade, qui a
répondu « que tout ce qu'il pouvait faire, c'était de
» saluer Raincys, quand Raincys le saluerait. »

» Il sera quelquefois trois heures sans dire un
mot, même en visite. Une fois il fut comme cela chez
M. Conrart, qui dit après : « Il y a des gens qui ac-
» quièrent de la réputation en parlant, celui-ci en
» croit acquérir en ne parlant pas. »

Cette parole dans la bouche de Conrart est bien
curieuse, en ce qu'elle rappelle le vers de Boileau
à son sujet :

Imiter de Conrart le silence prudent.

« Quant à Raincy, il ne parle qu'où il s'imagine qu'on l'admirera. Il passe tout son tems à s'ha-

biller; quelquefois il n'est pas prêt à quatre heures du soir. »

Nous trouvons encore dans le Conteur contemporain plusieurs anecdotes relatives au second fils de Jacques Bordier, une entre autres racontée par Scarron lui-même, qui montre quelle variété ce *toqué*, comme on dirait de nos jours, mettait dans ses folies extravagantes.

C'est dans une lettre au maréchal d'Albret du 20 août 1660 que Scarron conte l'*historiette* suivante du sieur des Raincys; il n'a rien écrit de plus plaisant :

« Vous saurez qu'à Charenton, le lendemain des dimanches et des fêtes, on ne trouve rien à manger, et moins de pain frais que de toute autre chose.

» Ce fut un lundy que l'impetueux Rincy, le fécond Pelisson, la sans pareille Scudery et la discrete Bocquel, à dix heures et demi du matin, envoyèrent dire au beau Izar, qui depuis huit jours prenait l'air à Charenton, qu'ils allaient diner avec lui et qu'il ne se mit en peine que d'un bon potage et du dessert, parcequ'ils porteraient des viandes du rotisseur. Izar et un avocat du Conseil nommé du Mas, qui lui tenait compagnie à la campagne, se mettent en devoir de bien recevoir une si grosse troupe d'illustres, car on n'en voit pas tous les jours quatre ensemble. On rehausse le potage de trois poulets et de quantité de pois verts, et pendant qu'un homme à cheval va quérir des fraises à Bagnolet, on fait travailler en tartes et en gateaux les plus renommés patissiers de Charen-

ton. On met le couvert dans le jardin, et on couvre
de fleurs nouvelles la nappe et les serviettes qui sen-
taient fort la lavande. La fine crème des beaux esprits
arrive : Rincy descend de carrosse dans là cuisine,
n'est pas content du potage ni des diligences qu'Izar
et du Mas avaient faites, et en parle avec tant de colère
et d'autorité que dès là du Mas commença de le res-
pecter et de le craindre. Qui voulait laver les mains
les lava : on se met à table. Rincy, méprisant la soupe
de village, entame un pain, le trouve dur et trop
rassis, en fronde un abricotier voisin et le rend inha-
bile à porter fruits, lui brisant ses plus grosses branches. Il entame un second pain qu'il trouve aussi
peu frais que le premier, et de la même vigueur
et promptitude, il en fronde un autre arbre. Enfin,
de six ou sept pains qu'il trouva durs, il estropia autant d'arbres fruitiers, au grand déplaisir de l'hôtesse
qui accourut à la désolation de son jardin et fit de
grandes clameurs. Rincy ne s'en émut point. Il pro-
testa que personne ne mangerait qu'il n'eût du pain
tendre. On courut partout où l'on cuisait, et l'on
trouva du pain sortant du four, que l'on servit à Rincy,
et qui se trouvait si chaud et si fumant, qu'il alla
ramasser, entre les branches brisées, le pain qu'il
avait rebutté, qui était encore plus mangeable que
du pain qui brulait les lèvres. Les brusques manières
d'agir et de parler du brave Rincy surprirent fort
l'avocat du Mas et son air impérieux ne l'effraya pas
moins. Depuis ce tems là, il a toujours eu le Rincy
dans son imagination. Il n'a point dormi sans songes

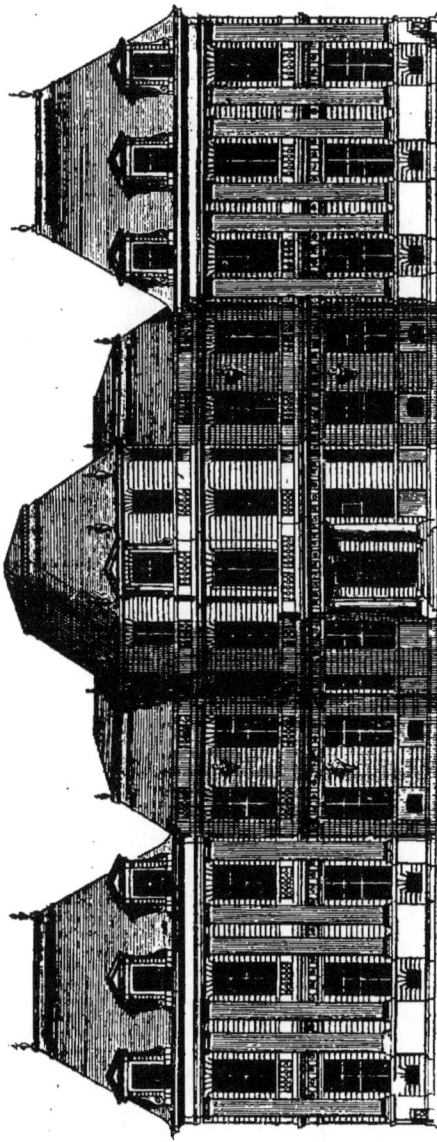

Elevation du Chasteau de Rincy appartenant à Mons.r Bordier

J. Marot fecit

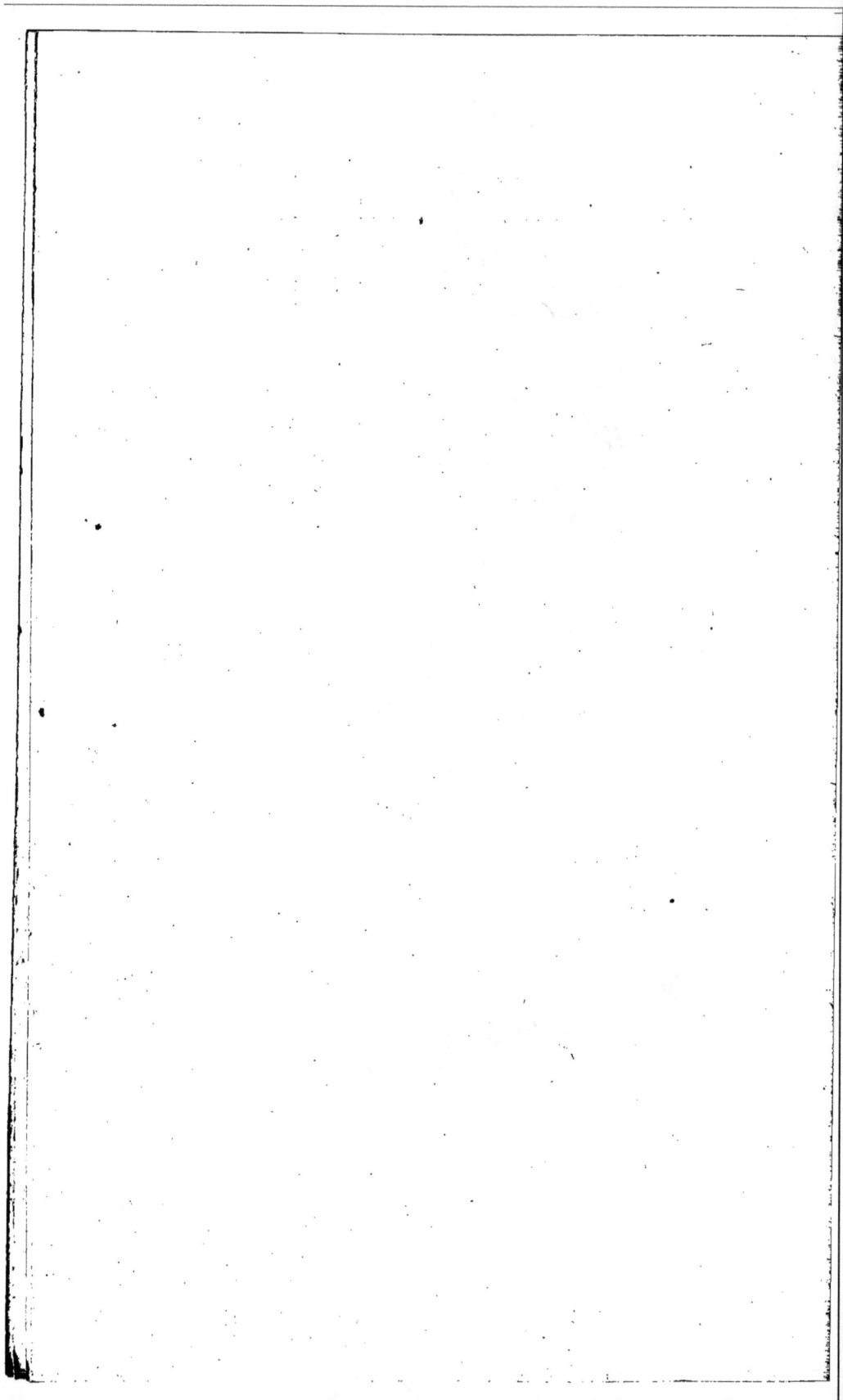

turbulents, et ses songes n'ont point été sans le Rincy.
Enfin la peur que lui fit le Rincy lui donna la fièvre.
La fièvre l'a emporté en moins de quinze jours; il est
mort furieux, parlant incessamment de Rincy. Voilà,
mon cher Monseigneur, tout ce que j'avais de meilleur à vous mander. »

Raincy, nous venons de le voir, avait fait cette
partie, qui eut une fin si tragique, avec Mlle de Scudéry et d'autres *illustres*, suivant le mot de Scarron.
C'était, en effet, l'un des commensaux ordinaires
de la célèbre précieuse et l'un des habitués de ses
samedis; il y récitait parfois des vers, et il fit entre
autres, en 1656, un madrigal qui eut un assez grand
succès de société, et donna naissance à une querelle
littéraire assez curieuse.

Voici ce madrigal :

> Chers ennemis de mon repos,
> Beaux yeux d'où mon amour prend sa force et son être,
> Hélas! pourquoi mal à propos
> Le méconnaissez-vous après l'avoir fait naître?
> Sans doute vous craignez de paraître trop doux,
> Si vous me permettez d'exposer devant vous
> Les violents transports de mon ardeur extrême.
> Mais, ô trop aimables vainqueurs,
> Si vous ne voulez voir que j'aime,
> Pour le moins voyez que je meurs!

Ménage, jaloux du succès de ces vers, fut tout
heureux de retrouver un sonnet de Guarini assez
semblable et qu'il ne paraît pas que Raincy eût
connu. Il traduisit alors les vers de Raincy en ita-
lien, et donna cette traduction comme œuvre du

Tasse, prétendant que Guarini et Raincy n'avaient fait que l'imiter.

Raincy, fort de son innocence, jura qu'il ignorait ces précédents, et que ce madrigal avait été composé par lui, sans qu'il eût connaissance des vers du Tasse. Ménage, de son côté, soutint que Raincy n'était qu'un plagiaire; un débat littéraire s'engagea, et on résolut de s'en remettre au jugement de Chapelain, qui alors était considéré comme un oracle en littérature.

Chapelain déclara que le meilleur sonnet était celui du Tasse, où tout dénotait l'originalité, et que sans aucun doute les vers de Raincy n'en étaient que la copie, du reste bien inférieure.

Raincy eut beau protester; on ne le crut pas.

Ménage, fier de la réussite de sa ruse, voulut avoir l'avis de Mme de Sévigné, dont il avait pu déjà, plus que tout autre, apprécier l'esprit. Aussi lui envoya-t-il les trois sonnets en question, en lui demandant son opinion.

Mme de Sévigné ne s'y trompa pas. Elle déclara que les vers du Tasse étaient lourds, mal faits; que le sonnet de Guarini était un peu meilleur; quant à celui de Raincy, elle le trouva tout simplement admirable.

Ménage, on le pense bien, fut peu satisfait de cette lettre et s'empressa de ne pas la montrer, espérant que les autres ne s'apercevraient pas des défauts du soi-disant sonnet du Tasse.

Mais Raincy s'était confié à Mlle de Scudéry, qui

s'était chargée de convaincre Ménage de fraude; elle le força, en effet, à dévoiler sa ruse, et le pauvre Raincy fut réhabilité, mais la confiance dans les lumières de Chapelain fut singulièrement amoindrie par cette aventure, où le grand nom du Tasse l'avait ébloui.

Raincy, faisant partie des amis de Mlle de Scudéry, joua naturellement un rôle dans la carte du Tendre. Il fut mis dans le Cyrus sous le nom d'*Agathyrse*. M. Cousin nous donne d'après ce roman un portrait de Raincy qui diffère singulièrement de la peinture un peu chargée qu'en ont faite le chroniqueur et Scarron :

« Il est, dit-il, inégal, un peu bizarre, mais spirituel, galant, agréable de sa personne, d'une conversation enjouée, faisant passablement des vers pour un homme du monde; par dessus tout riche et fort libéral, ce qui était alors un des signes et une des conditions de l'honnête homme. »

La mort du fils cadet de Bordier fait un triste contraste avec sa folle existence, malgré le tour plaisant que le chroniqueur sarcastique veut lui donner. Nous le citons encore :

« Il est mort assez jeune. Le curé de Saint-Gervais, Sachot, qui le connaissait et qui était son curé, lui alla déclarer qu'il fallait songer à sa conscience; il n'y voulut point entendre. Cet homme eut l'adresse de le gagner; il lui parla de sa jeunesse, de ses études, de son esprit et de ses vers, qu'il mit au-dessus de ceux d'Horace; après il en fit tout ce qu'il voulut et

9

lui donna une telle crainte des jugements de Dieu, que l'autre pour se mortifier fit sa confession à genoux nuds sur le carreau.

» Bordier l'aîné n'a pas laissé de demeurer à son aise, il a quatre cent mille livres de biens et s'est fait président de la Cour des aydes. »

Jacques Bordier, le père, avait épousé Catherine Lybault, qui mourut en 1642, ainsi que cela résulte d'un manuscrit de la fin du dix-septième siècle, intitulé :

TOMBEAUX ET ÉPITAPHES

des personnes illustres, nobles, célèbres et autres, inhumées dans les églises de la ville et faubourgs de Paris.

Au tome Ier, nous voyons :

« Dans l'église des PP. Minimes de la place Royale.

» Dans la chapelle de Saint-Vincent de Paul repose le corps de feue damoiselle Catherine Lybault, vivante femme de noble homme M. Jacques Bordier, seigneur des Rainces, conseiller du Roy en ses conseils et secrétaire des conseils d'État et finances de Sa Majesté, laquelle est décédée le lundy 27e jour d'octobre 1642.

» Dans la même chapelle gist aussy le corps de damoiselle Catherine Bordier, vivante femme de M. Me Thomas Morant, conseiller du Roy en son grand conseil, seigneur d'Incarville et du Mesnil Garnier, laquelle est décédée le dernier jour de juin 1642. »

Cette dernière épitaphe est celle de l'une des filles de Jacques Bordier.

Thomas Morant fut depuis maître des requêtes, puis intendant des finances en Guyenne.

La sœur cadette de Catherine Bordier, Claude Bordier, avait épousé Claude Gallart, conseiller au Parlement, puis maître des requêtes et président de la Cour des Comptes.

Jacques Bordier le père mourut en 1660.

« Ses enfants et ses gendres, Morand et Gallard, tous deux maîtres des requêtes, furent assez fous, dit le chroniqueur, pour mettre des couronnes à ses armes. Cela fit renouveler cent choses, à quoi on n'aurait peut-être pas pensé. »

Bordier, en effet, avait des *armes*; nous les trouvons même décrites deux fois, d'abord dans un manuscrit sur les fermiers généraux :

« Bordier : de gueules, à la fasce d'or, chargée d'un croissant de gueules et accompagné de trois gerbes d'or. »

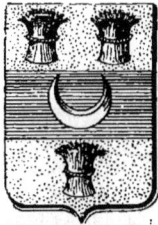

Puis dans le *Dictionnaire de la Noblesse :*

« Bordier d'or, à la fasce d'azur, chargée d'un croissant d'or, montant du champ et accompagné de trois gerbes de bled d'azur, deux en chef et une en pointe.»

Comme on le voit, ces armes sont les mêmes et ne diffèrent que par les couleurs et les émaux.

Jacques Bordier, le fondateur du Raincy, avait donc précédé ses deux fils dans la tombe.

Ses héritiers ne portaient pas, il faut le croire, un intérêt extraordinaire à l'œuvre de leur père, car peu de temps après, le 12 septembre 1663, ils vendaient le château du Raincy à la princesse Palatine.

Ainsi donc cette demeure splendide dont l'élévation avait coûté tant d'argent, de peines et de soins à son créateur et dont il était si fier, sortait, trois années à peine après sa mort, des mains de sa famille et pour n'y plus rentrer.

Jamais, en effet, nous ne verrons reparaître parmi les propriétaires du château du Raincy les descendants de Jacques Bordier, qui semblent s'être éteints à la première génération et ne paraissent en tous cas avoir laissé aucune trace dans l'histoire.

LE RAINCY

SOUS LA PRINCESSE PALATINE
ET SES HÉRITIERS

· 1663 — 1694

FILLE de Charles de Gonzague, duc de Nevers, puis duc de Mantoue, et de Catherine de Lorraine, la princesse Palatine, Anne de Gonzague de Mantoue, acheta le château du Raincy en 1663. Elle avait eu jusqu'à cette époque une existence des plus actives, s'étant trouvée mêlée aux agitations politiques sur lesquelles les qualités remarquables dont elle était douée lui avaient donné une influence notable.

Elle était née en 1616 et, dans son enfance, elle paraissait avoir une certaine disposition pour la vie claustrale à laquelle la destinait son père, mais ses sentiments changèrent promptement quand elle découvrit que son père n'avait d'autre but que de favoriser ainsi l'aînée de ses trois filles au préjudice des deux autres. Elle se retira alors, avec sa sœur Marie, à Paris, à l'hôtel de Nesle, qu'un de ses aïeux avait

acheté de Charles IX en 1571. Elle y demeurait lorsque leur mère mourut en 1637.

Suivant Bossuet, « le génie de la princesse se
trouvait également propre aux divertissements et aux
affaires. » En effet, l'amour et la politique se parta-
gèrent sa vie. Belle et spirituelle, Anne de Gonzague
inspira une vive passion à Henri de Guise, deuxième
du nom et petit-fils du Balafré. Henri, qui était
alors archevêque de Reims, sollicita et obtint du
pape l'autorisation de rentrer dans la vie laïque et
d'épouser Anne de Gonzague. Néanmoins, pour des
causes qui tenaient surtout à l'instabilité politique
de cette époque troublée, leur mariage fut différé et,
pleine de confiance dans le serment par lequel ils
s'étaient réciproquement donné leur foi (serment
qu'Henri de Guise écrivit, dit-on, avec son sang),
Anne consentit à suivre le prince qu'elle aimait, lorsqu'il sortit de France. Elle dut même se déguiser en
homme pour échapper à l'espionnage de Richelieu.
Malgré tout, Henri la trahit bientôt pour la comtesse
de Bossut, qu'il finit par épouser.

Revenue à Paris, elle épousa, en 1645, le prince
Édouard de Bavière, quatrième fils de l'électeur Fré-
déric V, comte palatin du Rhin. Quatre ou cinq ans
après son mariage, elle entra résolument dans la vie
politique et y joua un rôle prépondérant. L'arresta-
tion de Condé, de Conti et du duc de Longueville
la poussa à prendre part aux luttes de la Fronde, où
son influence s'augmentait de celle que lui donnait sa
supériorité intellectuelle et morale sur les Chevreuse,

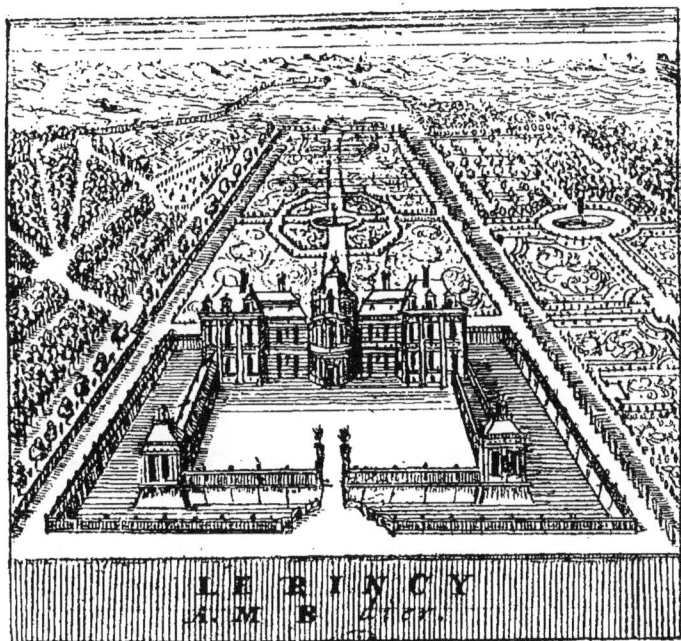

LE RINCY

A. M. B. *Lecor*

Gravure de 1652, agrandie.

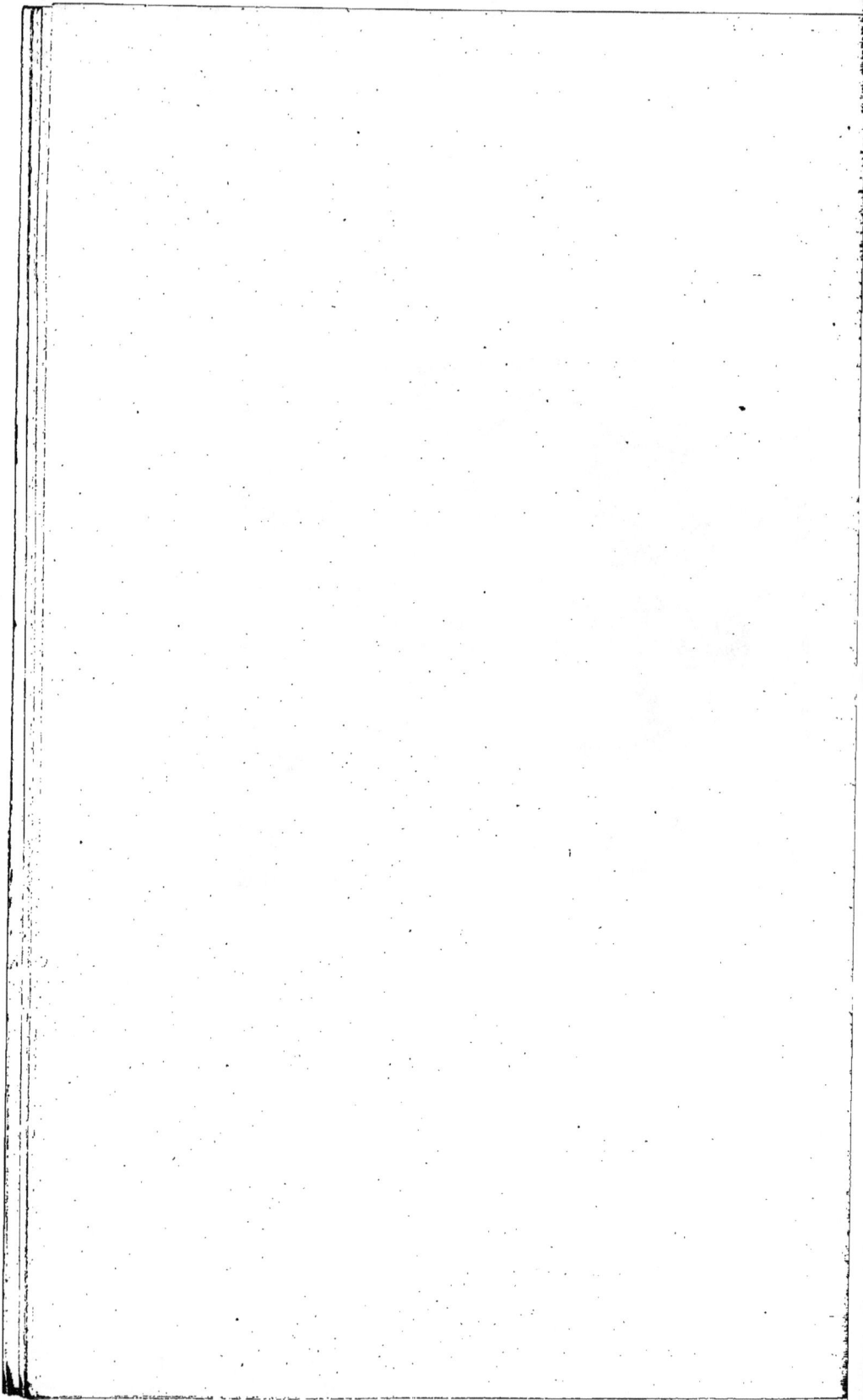

les Montbazon, les Guéménée et autres *factieuses* de cette époque.

Gondi sut la connaître et l'apprécier ; ses Mémoires en font foi à chaque instant. Au reste, la mise en liberté des princes et la réconciliation de Retz avec la cour fut l'ouvrage de la Palatine, qui fut toujours, comme le proclama l'évêque de Meaux, « *fidèle à l'État et à la grande reine Anne.* »

Son mari, le prince palatin Édouard, mourut en 1663, et c'est précisément la même année qu'elle acquit le Raincy, et, comme à partir de ce moment elle renonça au monde pour ne plus s'occuper que de son salut, on peut admettre qu'elle avait fait l'acquisition de cette riche demeure dans le but de s'y retirer.

La preuve de l'intérêt et de l'importance que la princesse Palatine attachait à sa nouvelle habitation nous est fournie par un document authentique et des plus précieux dont l'existence nous a été révélée au cours de nos recherches. Nous voulons parler d'un plan que cette princesse fit dresser l'année même de son entrée en possession du Raincy.

Ce plan se trouve aux Archives nationales. Il est entièrement manuscrit, et fait non seulement avec soin, mais avec art, et représente avec les détails les plus complets le château et le parc du Raincy, tels qu'ils existaient il y a deux cent vingt ans, en 1663.

Ce plan, qui mesure environ 1 mètre 20 centimètres de large sur au moins 1 mètre 50 de longueur,

est parfaitement conservé, mais l'encre en est jaune et
très pâle.

Dans le haut se trouve un titre écrit dans toute
la largeur sur six à sept lignes, et que nous reproduisons textuellement en lui conservant sa vieille
orthographe :

« Plan dv Chasteav et Parc des Rainsys, basse-
court, bastimens, parterres, bois de haute futaye *et
taillis, terres, prés, vignes, jardins et choses despen-
dants d'Iceluy. Le tout contenant ensemble, en superficie, la quantité de* quatre cent cinquante arpents, *à
raison de vingt pieds pour perche et cent perches
pour arpent, et en destail, selon qu'il est porté sur le
présent plan, appartenant à très haute et très puis-
sante Princesse Madame Anne de Gonzagues de
Clèves, Princesse de Mantoue et de Montferrat, Vesve
de très haut et très puissant Prince Monseigneur
Edouard de Bavière, Prince Palatin du Rhin, Duc de
Bavière, Dame desdits Rainsys et Bondis, fait et levé
exactement sur le lieu en l'année mil six cents soixante
et trois, et réduit au petit pied, selon l'eschelle Alti-
mède par nous Pierre Pesnon l'aisné et Pierre Pesnon
le jeune, arpenteurs jurez du Roy en la ville, Prevosté
et Vicomté de Paris, demeurant à Montreuil sur le
bois de Vincennes, suivant l'Ordre qui nous en a été
donné de la part de madicte Dame, ce que nous,
arpenteurs susdits, certifions être véritable en foy de
quoy nous avons signé ces présentes de nos seings
manuels avec le procès verbal du mesurage que nous*

avons fait dudit chasteau et ses dépendances où le
tout est plus au long déclaré et mentionné.

» *Signé :* PESNON *aîné,*

» PESNON *jeune.* »

Mais quels que fussent les charmes du Raincy
pour cette princesse et son amour pour la retraite, il
faut croire que son détachement du monde ne fut pas
absolu, car elle continua à jouir à la cour d'une
influence qui fut assez grande encore pour déterminer,
en 1671, le mariage de sa nièce Élisabeth-Charlotte,
Palatine du Rhin, avec Monsieur, frère de Louis XIV,
veuf depuis un an d'Henriette d'Angleterre.

Cette dernière princesse, qui porta le titre de
Madame, duchesse d'Orléans, était née *Princesse
Palatine* et fut aussi connue sous ce titre. Elle avait
dix-neuf ans seulement en 1671 et fut la mère du
Régent, qui naquit en 1674. On a publié d'elle une
nombreuse correspondance, traduite de l'allemand. Il
n'y a pas lieu de la confondre avec *la Palatine*, sa
tante, retirée au Raincy, et dont il a été publié des
Mémoires, regardés du reste comme apocryphes.

Il est probable que cette dernière habita le
Raincy jusqu'en 1684, année de sa mort, date restée
célèbre par l'oraison funèbre que Bossuet prononça
et qui est devenue un monument historique d'élo-
quence sacrée.

La princesse Palatine, ou *la Palatine*, comme
l'appelait Mme de Sévigné, avait eu trois filles. L'aînée,
Anne, avait épousé Henri-Jules de Bourbon, duc

d'Enghien, fils de Louis de Bourbon, prince de Condé; Louise-Marie fut mariée au prince rhingrave de Salm, et Bénédicte à Jean-Frédéric, duc de Brunswick et de Hanovre.

Le château resta indivis entre ses héritiers jusqu'en 1694, époque à laquelle ils le vendirent au marquis Louis Sanguin de Livry.

LE RAINCY

SOUS LES SEIGNEURS DE LIVRY

1694 — 1769

ANGUIN DE LIVRY est une ancienne maison dont la filiation est suivie depuis Simon Sanguin, capitaine gruyer, pour le Roi, des forêts de Livry et de Bondy, seigneur de Livry, Couberon et Vaujour, qui acquit en 1474 la terre de Fontenay-le-Bel.

Le seigneur Louis Sanguin de Livry, qui acheta en 1694 le château du Raincy, était né le 4 juillet 1648. Il fut enseigne des gendarmes de Bourgogne, mestre de camp de cavalerie et aide de camp du Roi, par brevet du 25 avril 1684, en considération des services qu'il lui avait rendus à la guerre : il fut depuis maréchal de camp ; il avait succédé à son père en 1676 dans la place de capitaine des chasses de Bondy et de Livry, et fut aussi pourvu de la charge de premier maître d'hôtel du Roi en survivance de son père.

Il avait épousé, le 10 janvier 1678, *Marie-Antoinette de Beauvillers*, fille de *François*, duc de Saint-

Aignan, pair de France, premier gentilhomme de la chambre du Roi, et sœur de *Paul*, duc de Beauvilliers, pair de France et gouverneur des princes, petits-fils de Louis XIV.

En février 1688, il avait obtenu du Roi des lettres d'érection en marquisat de sa terre de Livry.

C'est probablement à cette occasion que, le 30 juin de la même année, il donna au dauphin, qui vint chasser à Livry, une fête splendide dont l'organisation fut confiée au célèbre Berrin, *dessinateur ordinaire du cabinet de Sa Majesté*, et de laquelle le *Mercure galant* donne une description très détaillée. Il y eut, entre autres, des *prologues*, *comédies* et *intermèdes*, qui furent tellement goûtés que quelques jours après ils servirent de *divertissements* à Marly. « Monseigneur alla encore à la chasse le lendemain aux environs de Livry et revint dîner dans le château d'où il partit extrêmement satisfait. »

Quelques auteurs ont cru que cette fête avait été donnée au château du Raincy. C'est une erreur évidente; c'est au château de Livry qu'elle eut lieu, le Raincy n'étant entré qu'en 1694 dans la famille Sanguin de Livry.

Nous trouvons dans Saint-Simon que *Livry* (le marquis de Livry) eut en 1705 quatre cent mille livres de brevet de retenue sur sa charge de premier maître d'hôtel du roi.

En 1706, il eut soixante mille livres d'augmentation et la survivance de sa capitainerie de Livry pour son fils, en le mariant à la fille du feu président Robert, proche parent de M. de Louvois.

CHASTEAV de RINCY
5 lieues de Paris.

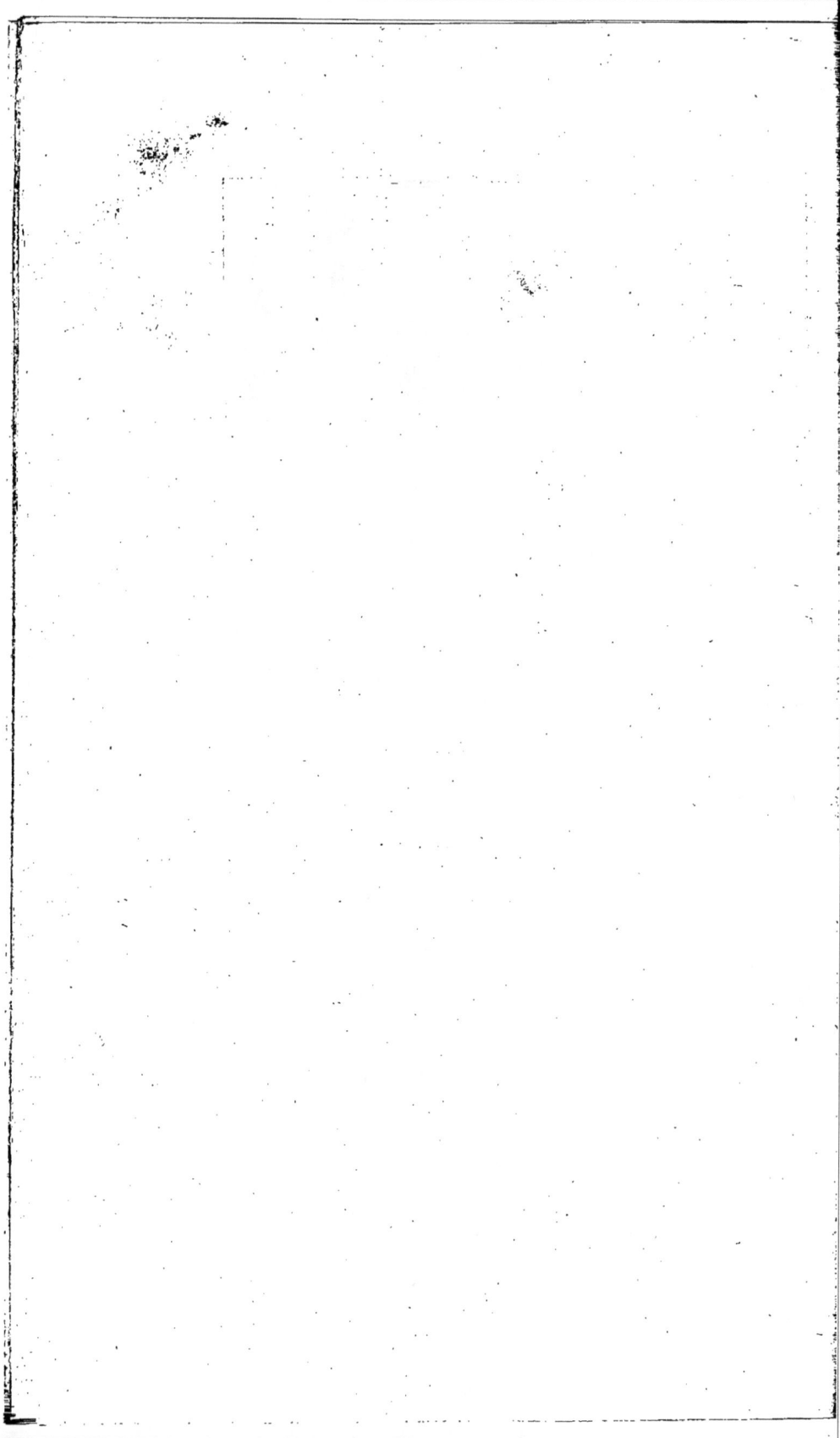

Le château du Raincy ne pouvait dépérir entre les mains d'un propriétaire comme le marquis de Livry. Il s'y attacha au contraire, et y fit faire de nombreux embellissements. Il en vint même à faire appeler le Raincy : *Livry-le-Château*, appellation qui ne fut pas conservée et qui fut la source de nombreuses méprises et confusions parmi les personnes qui s'occupèrent superficiellement de ce qui concerne le Raincy.

Au reste, cette appellation de : *Livry-le-Château* était régulière, des lettres patentes du mois de juin 1697, enregistrées le 9 août suivant, portant union de la seigneurie du Raincy au marquisat de Livry, sous le nom de *Livry*.

Nous trouvons encore dans Saint-Simon, qu'en 1716, *Livry* obtint pour son fils la survivance de sa charge de premier maître d'hôtel du Roi, et la faculté de conserver avec, un brevet de retenue de 450,000 livres, qu'il avait dessus.

Enfin, à la date de 1723, Saint-Simon mentionne la mort du *vieux Livry* et en fait le portrait suivant : « Livry père était un très bon homme, familier avec le feu Roi, chez qui on jouait toute la journée à des jeux de commerce. Il faisait assez mauvaise chère et très malpropre et s'y enivrait tous les soirs. Il est pourtant vrai qu'il ne buvait jamais de vin pur, mais une carafe d'eau lui aurait bien duré une année. Il buvait sa bouteille en se levant, avec une croûte de pain, et a vécu quatre-vingts ans dans la santé la plus égale et la plus parfaite, et la tête comme il l'avait

11

eue toute sa vie. Il eût été bien étonné de voir son fils chevalier de l'ordre. »

Nous ne savons pourquoi Saint-Simon avance que le marquis de Livry *eût été bien étonné de voir son fils chevalier de l'ordre.* La carrière que ce fils avait déjà parcourue pouvait au contraire faire prévoir cette distinction, dont il fut honoré une année après la mort de son père.

Louis Sanguin, deuxième du nom, comte de Livry nommé par Louis XIV et la reine son épouse, le 5 avril 1679, fut premier maître d'hôtel de Sa Majesté et nommé, au mois de décembre 1701, l'un des seigneurs qui devaient accompagner le roi d'Espagne jusqu'à la frontière ; il avait été fait colonel du régiment de Tournefort en 1699, brigadier en 1704 et successivement maréchal de camp et lieutenant général ; et il fut reçu chevalier des ordres du Roi le 3 juin 1724.

C'est donc sous l'impulsion du marquis Louis de Livry et de son fils le comte Louis de Livry, que le château du Raincy, appelé pendant cette période Livry-le-Château, fût l'objet d'embellissements à l'intérieur et à l'extérieur qui en firent une vraie résidence princière. Il y avait entre autres un appartement dit : « *appartement du Roi* », dont tous les mémoires du temps s'accordent à louer l'élégance et la richesse.

Au reste, nous reproduisons textuellement une de ces descriptions :

« Livry, autrefois Le Raincy, est à M. le marquis

de Livry. — La grâce avec laquelle ce château se présente, frappe les yeux les moins connaisseurs. Du côté de l'abbaye de Livry est une avenue d'environ vingt toises de large, sur plus de six cents de longueur, formée par une épaisse bordure d'arbres ou futaies.

» Quatre rangées d'ormes et de peupliers fort élevés font une autre avenue du côté de Paris, laquelle a près de huit cents toises. La première précède deux avant-cours très vastes, et autant décorées qu'on peut le désirer.

» Sur la gauche de la première avant-cour s'élèvent de vastes écuries qui peuvent contenir deux cents chevaux, et à droite est un joli kiosque ayant les cuisines, offices et appartements meublés très fraichement.

» On voit au rez-de-chaussée un salon octogone pavé en marbre; il est décoré de grands tableaux en camaïeu bleu, assez bien exécutés et représentant des sujets pittoresques entourés de cartouches dorés et peints, fruits d'une imagination bizarre. Au milieu il y a un bassin de six pieds de diamètre avec un jet sur lequel on met divers ajutages pour en varier l'effet. On le couvre quelquefois avec une dalle pareille au reste du pavé et alors on ne soupçonne pas même qu'il existe. »

Puis vient la description des bâtiments du château où nous trouvons que dans l'un des pavillons qui terminent les galeries « est la cuisine la plus belle et la plus curieuse qu'on puisse voir, tant pour sa

grandeur que pour sa voûte surbaissée et sa décoration intérieure; elle est du dessin de *M. Rousset.*
On remarque dans ce pavillon un escalier de char-
pente, éclairé par une lanterne : il est assez singulier,
n'étant appuyé que sur la première marche et étant
fait en limaçon évidé en dedans et en dehors.

» La basse-cour, qui n'est pas éloignée, a dans
son milieu une fontaine circulaire à quatre jets, qui
tombent dans un bassin ouvert des quatre côtés, pour
faire autant d'abreuvoirs. Des carrés de gazon accompagnent cette fontaine; ils occupent toute la cour, et
sont entourés de tilleuls taillés en boule.

» Les beautés intérieures du château ne le cèdent
point à celles du dehors. On aperçoit d'abord un vestibule soutenu par trente-deux colonnes d'ordre
dorique, et d'une seule pièce : deux de ces colonnes
sont isolées et font avant-corps à chaque porte d'entrée.

» L'antichambre est suivie d'un salon décoré dans
le goût moderne. Une des pièces de cet appartement
renferme un tableau singulier appelé : *la Pipée.* On y
voit des oiseaux de différentes espèces, dont la plupart pris à la glu et d'autres qui viennent s'y faire
prendre. La singularité de cette *Pipée* consiste en ce
que chaque oiseau figure une tête humaine et n'est
reconnaissable que par son plumage et par la forme
du reste de son corps.

» On y remarque des têtes de personnages considérables des différents ordres de l'Etat, des cardinaux,
des abbés, des jésuites et autres, qui sont attirés aux
pièges par une très jolie femme peinte dans le milieu

Vue et Perspective de la maison du Raincy

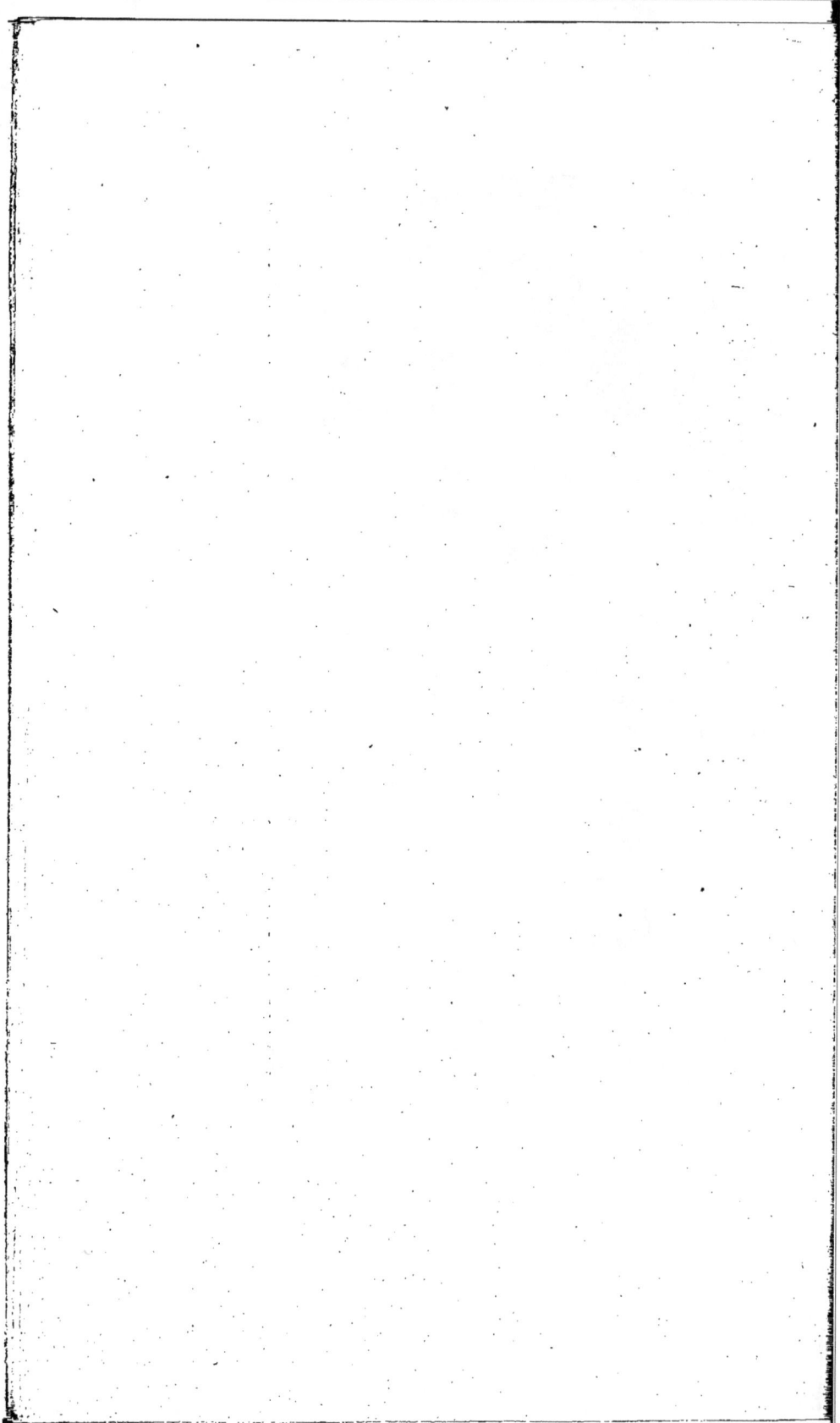

du tableau. Elle est élevée sur une espèce de platine placée sur un tronc d'arbre : à l'un de ses pieds est une corde, qu'une figure de satyre ou de diable tient par un bout, et tâche d'attirer à lui. D'après ce tableau, qui est vraiment original, feu M. le comte de Livry a fait faire quelques copies qu'il a données à des amis. Il y en a une, entre autres, dans le cabinet de M. Dibon, chirurgien ordinaire du Roi dans la compagnie des Cent-Suisses de Sa Majesté, lequel était intimement lié avec M. de Livry. Cette dernière copie peut, en quelque façon, être regardée comme un tableau original, en ce que M. Dibon, qui a été bien aise d'être pour quelque chose dans cette pipée, s'y est fait peindre précisément au-dessous de la jolie figure qui occupe le milieu du tableau; on y voit sa tête, très ressemblante, ajustée au corps d'un merle.

» L'ordre dorique règne dans l'escalier avec des corps de refend; il est, de plus, orné de figures sculptées en pierre et de groupes d'enfants portant sur leur tête des paniers de fleurs.

» Au premier étage se présente un grand salon à l'italienne; il est ovale et a cinquante-quatre pieds de haut sur soixante-dix-huit de long. Son architecture est feinte de grands pilastres ioniques dorés, si parfaitement peints, qu'on dit que le czar Pierre Ier les crut de relief, et qu'il fallut lui apporter une échelle pour qu'il fût détrompé en y portant la main.

» On voit dans le plafond, fait en calotte, l'histoire de Médée en seize panneaux de grisaille et, au milieu, cette mégère est sur son char traîné par des dragons.

» Au-dessous paraissent divers attributs de la Musique, dans deux tableaux longs qui forment des tribunes où l'on peut placer des musiciens. En face de la cheminée on voit la Paix qui met le feu à un monceau d'armes.

» Perrier a peint à fresque au plafond de l'antichambre trois tableaux séparés par des pièces de bois peintes, qu'entourent des pampres formant un berceau.

» Ils représentent le *Festin de Bacchus*, le *Triomphe* de ce dieu et une *Vendange;* dans ce dernier, Silène paraît assis au pied de la cuve. Un célèbre poëte a presque copié ce tableau :

> Telle est l'allégresse rustique
> De ces Vendangeurs altérés,
> Qu'on voit à leurs yeux égarés
> Saisis d'une ivresse mystique,
> Et qui, saintement furieux,
> Retracent de l'orgie antique
> L'emportement mystérieux.

» On a placé sur la cheminée un *Banquet royal,* qu'on dit de Rembrandt.

» Deux tableaux bien peints se voient encore dans cette antichambre : l'un représente les *Adieux d'Hector et d'Andromaque,* et l'autre une *Sultane* qu'un eunuque surprend lisant une lettre. On les attribue à Lebrun.

» Le plafond de la chambre à coucher, peint par Perrier, représente Vénus sur son char précédé des Grâces.

» Au plafond du grand cabinet est un morceau

ovale et très bien colorié : c'est la toilette de Vénus. Quatre médaillons dans les angles ont pour sujet la naissance de cette déesse, Mars et Vénus, Vénus et Adonis et le Jugement de Pâris. Autour de la corniche sont des enfants en camaïeu, et de grandes figures allégoriques à la déesse de l'amour.

» Les curieux de porcelaines trouveront à se satisfaire dans deux grandes armoires remplies de glaces, qui renferment des morceaux rares du Japon, de la Chine, de Saxe et de Sèvres.

» On entre ensuite dans un petit cabinet doré dont la forme est un carré long. Le plafond représente l'embrasement de Troie. Vénus, accompagnée de l'Amour, montre à Pâris cette ville en flammes. Les déesses, ses rivales, mécontentes du jugement de Pâris, s'envolent dans les airs. Sur le devant est le fleuve Scamandre, qui promenait ses eaux autour de Troie. Cet ouvrage est un des plus beaux de *Du Fresnoy*.

» Dans les compartiments de ce plafond sont quatre Amours. La porte et les lambris présentent, suivant l'usage de ce temps, des ornements et des figures relatifs au sujet principal : on y voit de plus les portraits de Louis XIII et de la reine Anne d'Autriche.

» Les fossés qui entourent le château sont secs et bordés d'une balustrade de pierre. Le parterre est une grande terrasse, dont la découverte est très variée. Sur cette terrasse est un escalier de pierre de taille qui a coûté 50,000 écus, sur les repos duquel on avait

12

ménagé des bassins, avec quelques cascades. Le parc a 1,400 arpents et renferme de très belles promenades et quelques bosquets ornés de fontaines. »

Telle est la description que nous fait un écrivain contemporain des agréments et des richesses que présentait le château du Raincy, ou Livry-le-Château, lorsqu'il était en possession des seigneurs de Livry.

Le faste et la noblesse existaient naturellement dans cette famille. Le marquis de Livry, premier maître d'hôtel du Roi, vivait dans l'intimité de ce monarque, en raison des privilèges de cette charge, dont il obtenait la transmission ou survivance pour l'un de ses fils.

L'importance que l'on attachait aux prérogatives de cette charge ressort, d'une manière bien précise, du fait suivant que nous citons textuellement :

« Le 23 juin 1719, le roi Louis XV (qui avait alors huit ans) alla à la Maison de Ville voir le feu d'artifice qui fut fort magnifique ; il y soupa seul dans une chambre séparée et fut servi par le prévôt des marchands, à qui l'on fit donner un écrit que cela ne pourrait tirer à conséquence. M. le duc, qui ne put se trouver à cette fête, prétendait que ce devait être au *premier maître d'hôtel* à servir le Roi et il avait recommandé à Livry d'être ferme là-dessus ; on a décidé que le billet que donne le prévost des marchands suffirait pour mettre les intérêts du premier maître d'hôtel à couvert. »

D'un autre côté, ses fils, courtisans élégants et officiers distingués, figuraient au milieu de la plus

haute noblesse parmi les danseurs à Trianon, à Marly,
à Rambouillet, et payaient de leur personne sur les
champs de bataille ; se faisaient blesser devant Landau,
ou ravitaillaient Mons assiégé par les Hollandais et
Marlborough, ce qui leur valait les grades de briga-
diers et de maréchaux de camp.

Aussi *Monseigneur* ne dédaignait pas d'aller
coucher au Raincy, chez le marquis de Livry, et de
courre le loup dans la forêt de Livry (1698). M. le
duc de Berry l'accompagnait quelquefois ; quelquefois
aussi des dames de la cour, comme la princesse de
Conti, et un jour, à cette occasion, « M. de Livry,
qui avait fait préparer un théâtre fort galant, lui
donna une comédie mêlée de chant et de danse : tous
les vers étaient à la louange de Mme la princesse de
Conti. »

M. le duc de Berry y était allé en chassant, et tua
lui seul deux cent quatre-vingt-quatorze pièces de gibier. Monseigneur le duc de Bourgogne tirait aussi
dans la plaine de Saint-Denis (août 1704).

Les Livry n'avaient pas que des hôtes princiers.
Ils accueillaient aussi les hommes de talent et d'esprit :
parmi eux un poète qui fut le familier de la maison
et dans les écrits duquel nous puiserons des détails
intéressants. Ce poète, c'est Alexis Piron, dont le nom
et la mémoire restent entachés d'une prévention due
à la pièce de vers qu'il commit dans la fougue de la
jeunesse, dans sa vingtième année, pièce qu'il ne destinait pas à la publicité et dont il expia la divulgation
par soixante années d'une vie irréprochable. Son exis-

tence toute de privations et de lutte jusqu'au moment
où il travailla exclusivement, soit seul, soit avec
Lesage, pour le théâtre de la foire, ne fut embellie
que par la protection amicale de quelques puissants
personnages, et notamment du seigneur de Livry.

Ce poète, plus connu par ses aventures et ses
traits d'esprit que par ses œuvres, fit connaissance
avec M. le comte de Livry à la première représentation de *Callisthènes,* donnée par les comédiens français, le 18 février 1730.

La pièce ne réussit pas, mais Piron y gagna la
protection et l'amitié du comte de Livry, heureux
de s'attacher un homme déjà si célèbre par son esprit.

Voulant l'avoir complètement à lui, il donna au
poète un appartement au château de Livry, en ordon-
nant qu'on lui obéît et qu'on le regardât comme le
maître.

Le château de Livry fut, dès le premier jour,
le théâtre d'une de ces plaisanteries que Piron savait
si bien inventer et soutenir avec tant de verve.

« La première fois, dit Rigoley de Juvigny, auteur d'une Vie de Piron, la première fois qu'il prit
possession de son appartement, ne voulant pas manger
seul et cherchant à égayer son repas, Piron engagea
la concierge, janséniste outrée, à lui tenir compagnie
à table. On imagine aisément quel devait être le sujet
de leur conversation. Notre poète affectait d'être le
plus décidé moliniste, et la dispute s'échauffait au
point que souvent les domestiques accouraient au
bruit. La concierge, assez instruite, s'était mis en

Veüe et Perspective du Chasteau de Roncy du costé des offices.

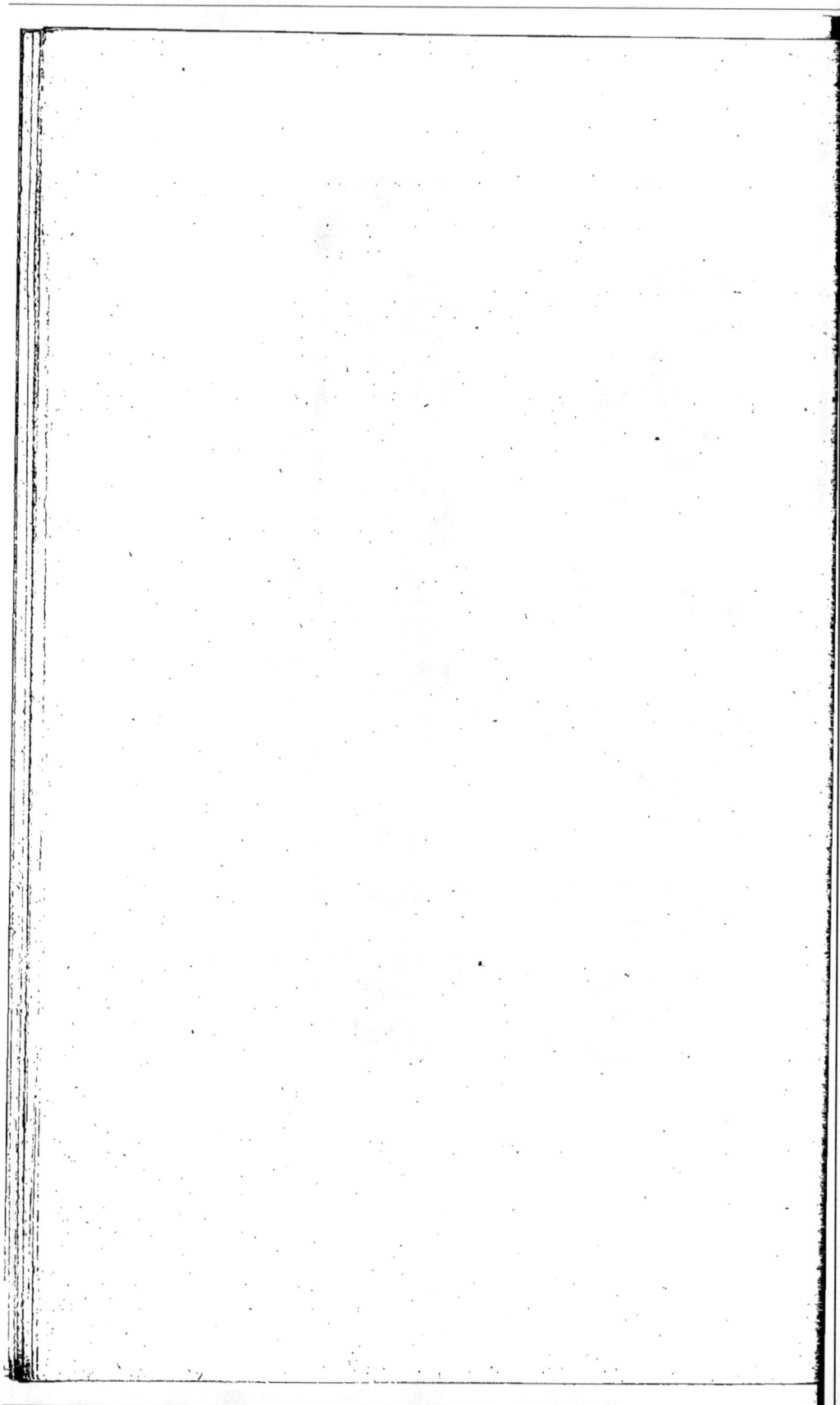

tête de le convertir. Plus elle le pressait, plus il la
contrariait et lui faisait, coup sur coup, les raison-
nements les plus comiques et les objections les plus
plaisantes, dont le refrain était toujours : « Chacun
» son goût, madame Lamarre; pour moi, je veux
» être damné. » A peine huit jours étaient-ils écoulés,
que le comte de Livry, ennuyé de ne pas voir Piron
et voulant savoir s'il se plaisait à Livry, vint le surprendre à l'heure du dîner, et arriva dans l'instant
même que la dispute ordinaire finissait : « Eh bien!
» Binbin (c'était un nom d'amitié qu'il lui donnait
» ordinairement), eh bien, Binbin, lui dit-il après
» l'avoir embrassé, comment te trouves-tu ici? Es-tu
» content? Te sert-on bien? — Oui, monsieur le comte,
» répondit Piron; mais madame Lamarre ne veut
» pas... — Comment, morbleu! elle ne veut pas! Je
» prétends que tu sois ici le maître comme moi-
» même; entendez-vous, madame? Et si monsieur
» me porte la moindre plainte... En un mot, je veux...
» — Calmez-vous, monsieur le comte, lui dit Piron,
» et daignez, je vous prie, m'entendre jusqu'au bout...
» Madame Lamarre ne veut pas que je sois damné.
» — Eh! pourquoi, s'il vous plaît, madame? reprit
» le comte; n'est-il pas le maître? De quoi vous
» mêlez-vous? Encore une fois, je vous le répète,
» je veux qu'il fasse ici sa volonté; ce n'est pas
» à vous à y trouver à redire. »

» Mme Lamarre n'osa pas répliquer, et se contenta
de prier pour la conversion du poëte moliniste. »

Il faut croire que les prières de la pieuse con-

cierge n'eurent pas beaucoup de succès, car Piron fut
le héros de joyeuses parties qui eurent lieu à Livry,
sous les yeux épouvantés de l'austère et rigide janséniste.

Le comte de Livry, en effet, comme du reste
tous les grands seigneurs de cette époque, réunissait
le plus souvent possible nombreuse société dans son
château. S'il faut en croire Piron, on s'y amusait
beaucoup.

Dans ses œuvres, il fait souvent allusion aux
« bons repas et aux orgies » de Livry. Il a pris même
le soin, dans une épître à la mémoire du comte de
Livry, de nous laisser les noms des seigneurs et auteurs habitués de ces parties, et familiers du château
de Livry. Il commence par dépeindre la douleur
d'une Muse

> Qui fit si souvent de ses chansons à table
> Retentir l'écho délectable
> Du vestibule de Livri.

Puis il feint de voir, en rêve, le comte de Livry
entouré de ses compagnons de plaisir, souper, comme
autrefois, avec tous ceux qui

> De Bourgogne célébraient les côtes.

Il cite Nivelle

> Qui conte en prose, en vers, rit, boit, mange, te loue,
> Et te louant, dit toujours vrai.
> Vient ensuite à pas lents le généralissime
> Saint-Martin, philanthrope à la fois, et Timon,
> Grave ensemble et joyeux, goguenard et sublime,
> Citant à tout propos Torsac et Cicéron,
> Merlin Coccaie, Horace, Euripide et Scarron.

Piron, quelques vers plus loin, continue ainsi :

Je vois l'irréparable et gracieux Mouret,
Boze, Lafaye, Timon, Chirac, la Peyronie,
    Fuzelier, Grécourt et Danchet.

Il montre se rendant à ces joyeux repas tous ceux qui vivent bien :

Tels enfin qu'autrefois, quand la saison des fleurs
    Et l'oranger hors de sa serre
    Avaient à peine reverdi
Tes bois, ton parc et ton parterre,
On les voyait, rasant les plaines de Bondi,
    Chez toi voler, vers le Midi,
    Des extrémités de la terre.

Puis il s'adresse à quelques grands seigneurs qui ont honoré Livry (le Raincy) de leur visite :

Au bon père pacha, Mehemet Effendi,
Au Duc, à Milord, à Czar Pierre,
A Charles d'Armagnac, etc.

Dans une autre pièce, où il nous apprend que le comte de Livry fait construire un pavillon pour les cuisines, il se délecte à la pensée de la « joyeuse crémaillère qu'ils vont pendre pour son inauguration. »

Piron ne s'est pas contenté de dépeindre les bons repas qu'il a faits à Livry. Il parle aussi de quelques dames, qu'il ne nomme pas, et qui venaient de temps à autre passer quelques jours à la campagne. C'était alors

L'Isle de Cythère,
Sans sortir de l'Isle-de-France.

13

Mais il est très peu explicite sur ce point, et il
se borne à dire qu'on voit parfois les Grâces dans
le « Parnasse de Livri. »

Piron nous a laissé une description du château
et du parc de Livry. Nous avons déjà vu qu'il vantait
les bois, le parc et le parterre; dans une autre pièce
intitulée : *Livri ou le vrai Parnasse*, il décrit, en
vers enthousiastes, le château et le parc :

> Au milieu d'un feuillage épais
> Où dans l'ardente canicule,
> Comme au printemps, on est au frais,
> S'élève un auguste palais
> Dont le superbe vestibule,
> De trente colonnes orné,
> Retrace au regard étonné
> Le fameux temple de mémoire,
> Et le retrace d'autant mieux
> Que le charmant Bacchus, aux yeux
> S'offrant là dans toute sa gloire,
> De la part du maître des lieux
> Y fait ressouvenir de boire.
> Ce vestibule traversé,
> A la gauche d'un grand parterre,
> Le plus riant, le mieux tracé
> Dont Flore aït embelli la terre,
> On monte sur le mont sacré
> D'où ruisselle une eau qui figure
> Avec celle dont, à son gré,
> Sévigné but après Voiture,
> Sévigné, dont l'esprit chéri
> Fit tant de chefs-d'œuvre sans peine,
> Qu'elle puisa dans l'Hippocrène
> Et qu'elle data de Livry.

Ce Livry, dont parle ici Piron, n'est pas Livry-
le-Château, ou le Raincy, mais bien Livry-Sévigné.

Parterres, Terrasses et Château du Raincy.

Piron raconte ensuite une mésaventure qui lui arriva dans le parc :

> Là, comme une belle anecdote,
> On montre le tertre escarpé
> Célèbre par les quatre P
> Du général de la Calotte.

Le général de la Calotte (c'était Piron qu'on avait surnommé ainsi) était tombé alors qu'il se promenait en composant des vers. M. de Saint-Martin imagina de faire planter, à l'endroit de la chute de notre rimeur, un poteau sur lequel on grava quatre P, qui voulaient dire : « Piron Pensant Pensa Périr. »

Le parc devait être le cabinet de travail du poète, car un peu plus loin, dans la même pièce, tout en conseillant aux hôtes du comte de faire des vers, il fait allusion à une autre plaisante aventure que lui attira sa démangeaison de rimer :

> Si votre esprit comme à Piron
> Tarde à s'élever en extase,
> Sous votre main est un Pégase
> Qui caracole tout le long
> De la haute et verte charmille.

« Un jour, raconte-t-il en nous donnant l'explication de ce Pégase, je m'avisai, pour élever mes idées en m'approchant du ciel, de monter en haut de la double échelle qui servait à tondre les charmilles, et de m'y jucher à califourchon. Quelqu'un m'y vit sans que je m'en aperçusse, et le lendemain, y étant remonté, je fus fort surpris d'y trouver une selle avec des étriers. »

Piron relate avec soin tout ce qui a rapport aux

agrandissements du château. Il écrit au comte, alors en voyage :

> *De Vrily (Livry) en Papimanie.*
> Si quelquefois de l'aiguillon
> Du bœuf on ne piquait la fesse,
> En un jour entier sa paresse
> Tracerait à peine un sillon.
> Parquoi, vif comme un papillon,
> Notre satyre, en votre absence,
> Laissant bouteille et cotillon,
> Fut animer de sa présence
> Les ouvriers du pavillon.
> L'œil de l'architecte peut-être
> Aura valu celui du maître.
> Nous verrons l'achever enfin
> Ce pavillon si désirable,
> Ornement complet et durable
> Du Louvre de mon souverain
> Et forteresse secourable
> De ceux qu'assiégera la faim.

Ce satyre dont parle Piron dans ces mauvais vers, était l'architecte Salley. Ce fut lui qui construisit le pavillon renfermant les plus belles cuisines du royaume, et qui coûta cent mille écus. Le comte de Livry y avait dessiné et fait graver ces quatre mots : *Pro usu et abusu.* Jamais hospitalité ne mérita mieux cette inscription.

Malgré tous les charmes de Livry-le-Château (le Raincy) et toutes les distractions qu'il y trouve, Piron y travaille. C'est au Raincy, en effet, qu'il compose en grande partie *Gustave Wasa*, sa meilleure tragédie, représentée le 7 janvier 1733 au Théâtre-Français. Il la dédie à M. le comte de Livry, son protecteur et bienfaiteur.

Puis le séjour à la campagne réveille son goût pour

la poésie pastorale et il écrit la *Pastorale des courses de Tempé*, en même temps qu'une autre pièce : l'*Amant mystérieux*.

L'idée de cette dernière pièce lui vint de la vue d'un original qui habitait alors le Raincy : c'était *un homme mystérieux, ayant toujours des secrets*, dont Piron parle longuement et qui lui servit de modèle. Piron représenta, devant la société du comte de Livry, l'*Amant mystérieux*, qui eut le plus grand succès. Encouragé par cet heureux accueil, il donna au Théâtre-Français, dans la même soirée, l'*Amant mystérieux* et la *Pastorale*. Le public, loin de ratifier le jugement des amis du poète, siffla outrageusement l'*Amant mystérieux;* mais la *Pastorale* fut applaudie. Cette chute suivie de si près de ce succès fit dire à Piron, le soir même de la représentation : « Mes amis, le public m'a baisé sur une joue et m'a donné un soufflet sur l'autre. »

D'après tout ce qui vient d'être dit, on voit que Piron était le principal commensal du comte de Livry. Celui-ci, non content de lui avoir donné un appartement au château, de l'avoir protégé en toutes circonstances, voulut assurer la vie de son poète, et lors du mariage de Piron avec damoiselle Marie-Thérèse Quenaudon, il lui donna six cents livres de rentes viagères.

Aussi Piron témoigna-t-il toujours la plus grande reconnaissance envers son bienfaiteur, et après la mort du comte de Livry, regretta-t-il toujours le généreux seigneur dont, pendant si longtemps, il avait été l'hôte et l'ami.

Le comte de Livry mourut en 1741. Il avait été, comme nous l'avons dit, non seulement premier maître d'hôtel du Roi, mais maréchal de camp des armées, décoré de l'ordre du Saint-Esprit le 3 juin 1724 et lieutenant général des armées du Roi le 23 décembre 1731.

A sa mort, le Raincy passa entre les mains de son fils aîné Paul, marquis de Livry, né à Versailles en 1709. Il avait épousé en 1741, l'année de la mort de son père, Marie-Christine de Maniban. Il fut également premier maître d'hôtel du Roi et colonel du régiment du Perche. Il mourut, sans postérité, le 16 mai 1758.

Il eut pour héritier son frère, Hippolyte-François, chevalier de Malte, resté seul de son nom. Ce dernier fut *chef d'escadre des armées navales*, et quitta la croix de Malte en 1760 pour épouser, la même année, Thérèse Bonne Gillain de Benouville.

Ce fut lui qui vendit, en 1769, Livry-le-Château ou le Raincy au duc d'Orléans, qui en fit l'acquisition en se défaisant de son château de Bagnolet.

Le prix fut de un million sur lequel il ne fut payé que 763,000 fr., et le surplus de 237,000 fr. ne fut jamais soldé par le prince.

LE RAINCY

SOUS LA FAMILLE D'ORLÉANS

1769 — 1793

uc de Valois, de Chartres, de Nemours et de Montpensier, prince de La Roche-sur-Yon et de Luc, comte d'Argentron, Louis-Philippe d'Orléans, premier prince du sang, était petit-fils du Régent et fils de Louis d'Orléans, si célèbre par sa vie chaste, ses mœurs simples et son goût pour les sciences. Il était d'abord entré dans l'armée, selon la tradition de sa famille, et avait fait la campagne de 1742 à la tête du régiment de Chartres. Devenu lieutenant général en 1744 par suite de ses hauts faits d'armes, il se signala dans la guerre de Sept ans et s'attira la disgrâce du roi qui trouva que son cousin s'était trop bien comporté. Il se retira dans son délicieux château de Bagnolet, où il vécut entouré d'artistes et d'hommes de lettres. Là il put se livrer à son aise à sa passion pour le théâtre ; Collé, Saurin, Carmontelle, etc., composaient des pièces dont ils étaient acteurs et au-

14

teurs, et dans lesquelles souvent le duc d'Orléans parut avec eux sur la scène.

Ce prince aimait tellement le théâtre, qu'il ne prenait plus ses maîtresses que parmi les actrices ou même parmi les dames de la cour qui s'amusaient à jouer la comédie avec lui. Après une longue liaison avec une actrice, Marquise, il s'éprit d'une grande dame, Mme de Montesson, qu'il aimait à cause de son jeu brillant. Cette dame de Montesson, tante de la fameuse Mme de Genlis, captiva si bien le duc d'Orléans qu'elle finit, au grand scandale de la cour, par se faire épouser. Collé, dans son journal, en nous parlant d'une pièce de Quinault, *la Mère coquette*, qu'il venait d'accommoder au goût du jour, nous rend compte de l'achat du château de Livry, le château de Bagnolet étant devenu trop petit pour y représenter dignement les pièces des auteurs ordinaires du prince.

« Cette édition de *la Mère coquette* de Quinault ne paraîtra que quand M. le duc d'Orléans aura joué la pièce ainsi que je l'ai accommodée.

» La représentation s'en fera sur le grand théâtre de Saint-Cloud ou sur celui de Livry, terre que M. le duc d'Orléans vient d'acquérir ; il veut qu'on la nomme le Raincy. Depuis qu'il est amoureux de Mme de Montesson, qu'on assure qu'il n'a pas, ce qui paraît un miracle dans ce siècle de lumières qui n'y croit pas, depuis ce temps-là, dis-je, tout se passe sur un plus grand théâtre et à très grands frais. »

A peine devenu propriétaire du château, il fit, tant à l'intérieur qu'à l'extérieur, des remaniements considérables pour le rendre conforme au goût de l'époque.

C'est à un architecte de talent nommé Pietre qu'il s'adressa pour les changements et agrandissements qu'il méditait. De 1770 à 1778, des plans de toute nature furent élaborés sinon exécutés.

Des projets de salle de théâtre au nombre de trois ou quatre furent étudiés pour prendre place au premier étage du pavillon semi-circulaire, ou dans une des ailes qui furent construites à la suite des pavillons d'angle, sur une partie des fossés comblés.

La galerie de gauche, qui ne comportait que des niches, fut élargie de manière à contenir au premier étage une série de chambres, ou plutôt de petits appartements, parmi lesquels se trouvait celui de la duchesse de Chartres. Il était attenant à une élégante chapelle en forme de rotonde, étudiée avec beaucoup de soin et de goût par le même architecte.

Voici une description d'une partie de l'intérieur du château, tel qu'il devint après les embellissements du duc d'Orléans :

« L'appartement du rez-de-chaussée est entièrement peint en grisaille et décoré d'architecture en marbre fin, d'un goût admirable. On remarque surtout dans ce château la chambre à coucher du prince ; elle est entre deux cabinets, dont les portes et les cloisons sont des glaces sans tain ; du lit placé dans une superbe alcôve à colonnes, on découvre la forêt de Bondy, le grand chemin et toute la plaine Saint-Denis, à travers une large croisée qui donne sur la terrasse ornée de fleurs. Le fond de l'alcôve est pareillement d'une glace sans tain, qui se hausse et se baisse au niveau du parquet. Ce qu'il y a de très singulier, c'est que, quand les portes des deux cabinets sont fermées, on peut y converser à haute voix sans que le son perce.

» Cette chambre est précédée d'une pièce qui offre plusieurs tableaux de l'école flamande; elle est suivie du cabinet de musique, d'une décoration très agréable.»

En même temps le duc d'Orléans faisait remanier complètement le parc. Un sieur Pottier, chevalier de l'Ordre royal et militaire de Saint-Louis, retiré du service, s'était fait une grande réputation de dessinateur de jardins anglais, dont la mode commençait alors à se répandre. Le duc d'Orléans l'engagea pour remplacer l'ancien parc de Le Nôtre, aux parterres symétriques et réguliers, par un jardin imitant la nature, un jardin *paysagiste*, suivant l'expression du temps.

L'eau manquant au Raincy, Pottier fut forcé d'exécuter de grands travaux pour y suppléer.

Les sources de la fontaine Saint-Fiacre (Sept-Iles), celles du Martelet, dans la forêt de Bondy, près du pèlerinage, depuis longtemps fréquenté, de Notre-Dame-des-Anges, furent captées et amenées par aqueduc; elles se réunissaient à l'endroit nommé le Petit-Raincy, et grossies d'une nappe souterraine qu'une pompe à feu installée par un mécanicien anglais, Spiring, au nord-est du parc dans le château de la Pompe, allait chercher à 75 mètres de profondeur, elles débouchaient, après maints circuits, dans un lac au milieu duquel se trouvait un rocher surmonté d'un pavillon. Cette rivière anglaise était la principale beauté du parc; un auteur contemporain en parle en ces termes : « Une rivière assez considérable y prend sa source, y serpente mollement jusqu'à son embouchure, et par ses heureux contours y ménage des points de vue enchanteurs. » Delille, dans son poème des *Jardins*, chante les eaux et les ombrages du Raincy :

> Maupertuis, le Désert, Rincy, Limours, Auteuil,
> Que dans vos frais ombrages doucement on s'égare!

Certes, le parc à l'anglaise du château du Raincy méritait cet éloge du poète des *Jardins*. Pottier avait habilement profité des accidents de terrain; la rivière anglaise dessinant de gracieux méandres, formant plusieurs lacs, répandait partout la fraîcheur; une foule de fabriques, de constructions servant à divers usages ou de pure fantaisie s'élevaient sur différents points; de nombreuses statues, des vases de marbre et de porphyre décoraient ce parc, dont nous pouvons donner une rapide description, grâce à un plan conservé aux Estampes nationales et qui fait partie des illustrations de ce volume.

Le parc, situé à deux lieues et demie de Paris, sur la route de Meaux, était percé de plusieurs portes : portes de Bondy, de Livry, de Chelles, de Gagny, de Villemomble. La principale était celle de Bondy.

A droite de cette porte se trouvait un lac sur les bords duquel s'élevaient l'orangerie et la laiterie.

En face de l'orangerie était un pont élégant à deux

arches artistement travaillé. L'orangerie pouvait contenir cent orangers et un nombre considérable d'arbustes.

La laiterie, ornement indispensable des parcs de l'époque de Marie-Antoinette, semblable à celles de Trianon et de Rambouillet, était décorée intérieurement de marbre blanc et renfermait une longue table garnie de consoles, le tout de marbre blanc et quatre statues de femmes de grandeur naturelle aussi en marbre blanc, sur piédestaux ronds de marbre noir. Elle fut démolie en 1865 par M. Lecomte.

Un peu plus loin se trouvait un rendez-vous de chasse, construction que nous avons connue sous le nom de Château du Rendez-vous, et auprès, des magasins et les logements des garçons. Le tout composait cinq bâtiments.

Revenons à la porte de Bondy. Aussitôt à gauche s'élevait le petit village où logeaient le peintre, le menuisier, le plombier, le fontainier, le jardinier. On voit que le duc d'Orléans avait à son service presque tous les corps d'état.

On arrivait ensuite, après avoir passé par les pépinières et une petite pièce d'eau, à la ferme située près de la porte de Livry. Ce n'était pas une ferme d'opéra-comique, mais bien une ferme de rapport, avec écurie, vacherie, poulailler, colombier, etc. La grange, qui était considérable et dont la voûte pouvait aller en parallèle avec celle de la halle de l'hôtel de Soissons, sert maintenant d'église. Cette transformation a été opérée par feu M. H. Not, architecte.

Entre cette ferme et le château s'élevaient les Maisons-Russes bâties en plâtre peint simulant des troncs d'arbres. Il y avait trois petites constructions contenant : salle à manger, billard, etc., comme les hameaux de Trianon et de Chantilly.

Le chenil avec écurie pour quatre chevaux et des logements pour nombreux valets, présentait, comme on peut le voir encore, l'aspect d'un château gothique flanqué de quatre tours dont deux rondes et deux carrées. La porte figurait porte de ville avec herse.

A quelque distance on remarquait les écuries anglaises qui pouvaient contenir soixante chevaux, avec les remises et les bâtiments de la vénerie.

Des écuries anglaises, en traversant un grand parterre qui s'étendait devant le château, on parvenait au rocher situé au milieu d'un lac. Les eaux de ce lac aboutissaient à un bassin dans lequel baignaient des grottes factices et où l'on pouvait se promener en bateau. A travers ces grottes on apercevait le château, ainsi qu'on le voit dans une gravure. Elles subsistent encore en partie : c'est ce que l'on appelle *les ruines*.

Un peu au nord de ce rocher s'élevait la boucherie où l'on préparait le gibier abattu à la chasse. C'était un bâtiment isolé surmonté d'un pavillon chinois et qui portait le nom de *boucherie chinoise* ou de *boucherie anglaise*.

On voyait encore, mais complètement séparé du château, le pavillon du château de la Pompe, renfermant la pompe à feu dont nous avons parlé. Ce pavillon contenait des logements et une salle de natation

qui pouvait se transformer en salle à manger. Il était
de forme carrée et était surmonté d'une tour qui servit
pour l'établissement d'un télégraphe aérien.

Le grand manège se trouvait à côté.

La porte de Chelles attirait ensuite l'attention ; de
forme ogivale, surmontée de créneaux, et flanquée
d'une tour, elle ressemblait à une entrée de château
fort. Ce bâtiment contenait un logement pour un hôte
du château et se trouvait au lieu dit le Petit Raincy.

Un peu plus loin était l'Ermitage, l'endroit le
plus curieux et le plus charmant du parc. C'était un
véritable ermitage, garni de meubles rustiques, et
M. Beauquier, que nous avons déjà cité plusieurs fois,
raconte que les jours de réception au château, un
domestique, vêtu des habits d'ermite avec la grande
barbe, accessoire obligé du costume, disait la bonne
aventure aux visiteurs. Il touchait 900 livres par an.

Là, des bancs tournants permettaient aux hôtes
du duc d'Orléans de jouir tout à leur aise de la vue
magnifique qui se déroulait sous leurs yeux. Un dis-
ciple de Jean-Jacques Rousseau s'écrie, dans un accès
de sentimentalité bien digne de cette époque, où l'on
croyait aimer la nature parce qu'on aimait Rousseau :
« L'âme est doucement émue à la vue du paysage que
l'on découvre de cet endroit ; les beautés naturelles
qui l'environnent, la pureté de l'air qu'on y respire
font naître le désir de l'habiter. On se persuade que
les passions tyranniques n'ont jamais troublé la paix
de ce simple réduit. »

Quant à l'étendue, à l'estimation et au revenu du

La PORTE DE CHELLES au Raucy

15

parc, une pièce trouvée aux Archives nous donne toute satisfaction. Il est à remarquer que cette pièce a rapport non seulement au parc du Raincy proprement dit, mais encore aux terres et bois que le duc d'Orléans possédait aux environs.

CONSISTANCE DE LA TERRE DU RAINCY ET DE SES DÉPENDANCES

Le terrain du parc est divisé en cinq parties :

	ARPENTS	PERCHES
La première, en gazon et terres labourables	319	30
La deuxième, en bois taillis . . .	106	»
La troisième, en eau	10	59
La quatrième, qui est la pépinière.	7	»
Les routes, avenues, emplacements de bâtiments	160	»

La terre du Raincy est partagée en plusieurs branches d'héritage : les unes sont louées à cens en rentes en argent, les autres à cens en rentes en nature et en argent, quelques-unes à bail, d'autres sans bail. En outre une quantité immense de routes de chasse.

La totalité des terres aratoires et des routes de chasse est de	797	35 1/2

Il y a 2 parties en bois, l'une du domaine, l'autre provenant de l'échange fait avec le roi et autres. La première contient . . . .

première contient	264	50 1/2
La seconde	545	62 1/2
	2210	37 1/2

Le nombre de baliveaux des bois
est de. . . . .   20.316   »
    Celui des arbres plantés est de ..   3.512   »

L'estimation des fonds du do-
maine à l'extérieur est de. . . . . .   1.301.878   »
L'estimation des fonds du parc,
sans y comprendre les bâtiments, les
meubles du château, est de. . . . .   334.910   »
                             1.636.788   »

Le revenu actuel du domaine est
de. 39.169   19
    Celui du parc est de . . . . . .   6.400   »
                             45.569   19

« Il est à observer que le revenu du domaine à l'extérieur se trouve très fortement diminué par la raison
que la moitié des terres étant louée à cens en rentes
tant en nature qu'en argent, ne peuvent produire
autant que si elles étaient louées sans cette restriction ;
il est donc reconnu que le taux du revenu n'est établi
que sur les bois qui varient annuellement dans leur
vente.

» Le revenu de l'intérieur du parc ne peut avoir une
base certaine, il n'est établi que pour l'agrément et la
satisfaction de Monseigneur, donc la comparaison sur
la fixation d'un produit réel ne peut avoir son effet. »

Le duc d'Orléans habita le Raincy jusqu'à sa mort
(1786). Son fils, Philippe-Egalité, préféra à sa vie tranquille et oisive la politique avec toutes ses fatigues et

toutes ses désillusions. S'occupant à peine de la retraite que son père avait embellie avec tant d'amour, il resta presque toujours au Palais-Royal à intriguer contre le roi. Il ne vint qu'une fois, en 1787, au Raincy, et ce fut bien malgré lui; Louis XVI l'avait exilé de la cour et lui avait d'abord assigné comme résidence Villers-Cotterets ; puis il lui permit, sur ses instances, d'aller passer le temps de sa disgrâce dans sa terre du Raincy.

La lettre par laquelle le roi lui donna cette permission est datée du 14 décembre 1787 :

« Puisque l'air de Villers-Cotterets peut être malsain et particulièrement dans cette saison, je trouve bon que vous vous rendiez au Raincy ; mais mon intention est que vous ne voyiez que les mêmes personnes que je vous avais permis de recevoir à Villers-Cotterets, et que, sous aucun prétexte, vous n'approchiez de Paris de plus de deux lieues. »

La duchesse d'Orléans, elle, passait chaque année quelques jours dans son château du Raincy. Le jour de la prise de la Bastille, elle était au Raincy avec Mme de Reuilly, une de ses dames d'honneur et M. le duc de Piennes, attendant les événements. Son mari était resté au Palais-Royal, ne voulant pas afficher ses préférences.

On sait quel rôle Philippe-Egalité joua pendant la Révolution, aussi ne fut-il pas d'abord inquiété ; grâce à ses opinions républicaines, il resta propriétaire du Raincy jusqu'à sa mort ; en 1793, l'année même de sa mort, il passait avec le sieur Seguin un bail pour deux jardins dans le parc, moyennant 200 livres par an, pour une période de 18 ans. La même année il louait pour trois, six ou neuf ans, la ferme du Raincy, à un nommé Pinson ; le fermage était de 2,400 livres.

ESSAI
D'ÉTABLISSEMENT RURAL au RAINCY

AN II — AN IV

PRÈS la mort du duc d'Orléans (6 novembre 1793), le Raincy devint propriété nationale, et fut mis à la disposition de la Nation. La Commission d'agriculture et des arts, de laquelle dépendait le château, commença par faire mettre les scellés pour conserver tous les meubles précieux qui ornaient en si grand nombre le Raincy, et nomma les administrateurs du district de Gonesse, gardiens des scellés.

Les ducs d'Orléans avaient entretenu une petite ménagerie au Raincy ; quoiqu'elle fût bien diminuée, il y avait encore, en 1793, un chameau, une vache bufflée, un taureau américain, etc.; de plus, le parc regorgeait de gibier. Un arrêté de la Commission décida que l'on vendrait toutes les bêtes fauves, cerfs, biches, daims, etc., ainsi que la ménagerie, et choisit le citoyen Desplats, vétérinaire, pour présider à la vente. Les fermiers des environs, le Muséum d'histoire naturelle de Paris et Merlin de Thionville s'en rendirent acquéreurs.

Mais bientôt la Commission ordonna, par son arrêté du 11 prairial an II, que l'on rachèterait tous ces animaux, et qu'on rembourserait aux acquéreurs tous les frais d'entretien. Elle avait décidé, en effet, que le Raincy deviendrait un établissement rural, et il fallait repeupler le parc.

« Pour conserver les animaux trouvés sur les domaines des émigrés et condamnés, lit-on dans un rapport à la Commission, pour régénérer les espèces et faire des expériences, il est nécessaire de créer un établissement rural », et un arrêté du Comité du Salut public, en date du 19 messidor an II, chargea la Commission d'*agriculture et des arts* de choisir une maison nationale « pour réunir les bestiaux provenant des domaines des condamnés et y établir une colonie détachée du troupeau de Rambouillet ».

La Commission désigna le Raincy (1er thermidor an II). Nous trouvons dans un rapport les motifs de ce choix : « Des écuries très vastes et construites sur des plans avoués par les principes de la saine physique et de l'économie animale, une grande étendue de pâturages peu riches, mais très salubres, très substantiels et qu'il est facile de rendre abondants, etc. »

L'établissement étant désigné, il lui fallait un directeur. Le citoyen Gilbert, membre de la Commission, fit nommer à ce poste un de ses anciens camarades, nommé Thiroux, par un arrêté du 5 fructidor.

Ce Thiroux avait d'abord tenu un manège rue de

Vendôme ; mais enseignant d'après une autre méthode que le maître du Manège royal, qui avait un
privilège, il avait dû vendre son établissement.

Il s'était fait alors nourrisseur de vaches. La
Révolution étant survenue, il avait quitté cet état pour
entrer dans l'instruction, et la section des Piques
l'avait choisi comme instituteur primaire. Son sys-
tème d'éducation était singulier et avait séduit, par sa
nouveauté, la section des Piques qui lui confia jusqu'à trois cents enfants. Thiroux nous l'expose :
« J'enseignais, dit-il, la théorie de la lecture par la
pratique de l'écriture ; cette méthode m'avait été ins-
pirée par cette remarque qu'avant de donner un
nom à telle figure alphabétique, il a fallu tracer cette
figure. »

Mais cet enseignement ne réussit pas. « Le citoyen
Thiroux, dit le rapport qui précède sa nomination,
est plus propre à diriger un établissement rural, qu'à
diriger une école... — On propose de le nommer, l'un
des premiers devoirs du gouvernement étant de mettre
chaque homme à sa place et de rectifier les écarts du
hasard dont les caprices ballottent si souvent la fortune des hommes. »

Si l'on n'avait fait attention qu'au mérite et aux
connaissances professionnelles, Thiroux n'aurait pas
été choisi ; mais c'était un bon patriote, une victime
du despotisme, titres bien suffisants pour être directeur d'un établissement rural. Du moins Thiroux,
pendant sa gestion, se montra honnête, s'occupa avec
plus de zèle que de succès de son établissement, et

16

s'efforça, autant qu'il lui fut possible, d'améliorer le sort de ses employés.

Thiroux commença par s'écrier que le Raincy devait être « le tombeau des préjugés ». Aussi écrit-il à la Commission, avant même d'aller au Raincy : « Je veux élever des ânes, commencer une souche soignée de ces malheureux animaux dont même le nom est une injure, on ne sait trop pourquoi ; je veux démontrer, par le fait, que Buffon a eu raison de dire que ce sont les hommes qui font les ânes tels que nous les voyons, et point du tout la nature. »

Au lieu de chercher à faire *un tombeau des pré-jugés*, Thiroux aurait dû se contenter des connaissances qu'on était en droit d'exiger d'un véritable directeur d'établissement rural. Il ne savait même pas distinguer le sexe des animaux confiés à ses soins : « J'avais deux oies, écrit-il naïvement, deux mois après, à la Commission d'agriculture et des arts, j'avais deux oies que je soupçonnais être du même sexe sans savoir lequel. Je reçus, il y a quelques jours, une femelle : la guerre que les deux oies se firent a résolu mes doutes, et a occasionné la perte du vaincu qui s'est envolé et dont on n'a pu apprendre des nouvelles. »

Dès l'arrivée de Thiroux au Raincy, les difficultés commencèrent. Les administrateurs du district de Gonesse, chargés provisoirement de la garde du château, refusèrent de lever les scellés, et il fallut des ordres réitérés de la Commission pour les décider à remettre le Raincy au directeur. Le vétérinaire Desplats, qui venait d'achever le rachat des bêtes fauves, et leur réintégration dans le parc, rendit ses comptes à Thiroux. Celui-ci, mis enfin en possession de son établissement, s'occupa de louer des bergers, des vachers, des piqueurs, etc., et de faire venir son troupeau qui était réparti en plusieurs endroits.

Le troupeau de l'établissement du Raincy provenait en effet de sources différentes. On avait dressé une liste des condamnés et émigrés des districts de Gonesse, de Meaux, Melun, Versailles, etc., et tous les animaux « dont les formes étaient belles, ou qui paraissaient propres à régénérer les espèces abâtardies par l'ignorance et le despotisme » étaient dirigés sur le Raincy. On avait envoyé en outre une certaine quantité de moutons espagnols du troupeau de Rambouillet, et on avait décrété l'achat de brebis à Boulogne-sur-Mer et en Sologne.

Comme employés, Thiroux gardait les anciens gardes et portiers du duc d'Orléans ; Spiring, le mécanicien anglais qui avait élevé la pompe à feu, était chargé, afin d'assurer toujours le service de l'eau, d'entretenir les canaux en bon état ; de plus il devait faire toutes les réparations nécessaires et tous les changements qu'exigeait la transformation en bergeries des écuries et des communs.

Le citoyen Spette, bon écuyer et bon patriote, était engagé, à raison de 800 livres, pour être piqueur.

Après avoir retiré du Raincy tous les meubles de luxe et n'avoir gardé que le linge commun, Thiroux crut pouvoir enfin mettre à exécution ses fameux projets ; mais dès les premiers jours il fut obligé d'avoir recours à des réquisitions pour se procurer des vivres, et de suspendre les envois d'animaux dans son impossibilité de les nourrir (29 fructidor an II). On était alors dans la terrible année de 1794; le pain, les fourrages manquaient; les fermiers cachaient tout ce qu'ils possédaient, et la Commission, dans son imprévoyance, n'avait pas songé à faire des approvisionnements suffisants pour la grande quantité d'animaux qu'elle réunissait au Raincy. Sur les instances de Thiroux, la Commission lui donna le droit de réquisition, et le recommanda au Comité des subsistances des armées.

En même temps qu'on avait fondé un établissement rural pour les bestiaux, on avait décrété la création d'une basse-cour modèle. La Commission avait retardé la mise à exécution de son arrêté; mais, à ce moment, elle finit par se décider à l'exécuter, et nomma comme directrice, sur les recommandations du représentant du peuple Grégoire, la citoyenne Bérard, sœur du commandant Darbeaux, parti avec La Pérouse. Ruinée par la Révolution, elle s'était retirée à Vincennes, avait assailli de demandes Grégoire et l'avait séduit « *par la forme originale de ses lettres et la singularité de ses plans* ».

Thiroux accueillit avec joie l'arrivée de la citoyenne Bérard. C'était une diversion à tous ses ennuis. Les vivres et les fourrages continuaient à manquer, malgré toutes les réquisitions. Les municipalités et les fermiers des environs se montraient hostiles à l'établissement du Raincy.

Thiroux, voyant que tout renchérissait dans des

proportions énormes, demandait sans cesse des aug-
mentations de gages pour ses employés, augmenta-
tions qu'on ne lui accordait pas. Enfin, ajoutons qu'on
voulait loger au Raincy, dans les vieilles écuries, deux
cents prisonniers de guerre avec quarante gendarmes,
pour fournir des bras à l'exploitation de la forêt de
Bondy.

Thiroux représenta que la place manquait, qu'une
aussi grande agglomération d'hommes ne ferait qu'ac-
croître la famine, engendrerait des discordes et qu'il y
aurait à craindre, malgré toute la surveillance, que les
prisonniers ne détruisissent une partie des animaux.
Aussi ce projet fut-il abandonné.

En même temps qu'il faisait ces sages représenta-
tions à la Commission, Thiroux se plaignait des *orgies*
qui se passaient chez un nommé Christnacht.

Christnacht était entré au service du duc d'Orléans comme cuisinier des voyages en 1776. Il avait
eu sa retraite en 1790. Philippe-Egalité lui avait donné
une pension de cinq cents livres et la permission de
tenir un *caffé* dans les Maisons-Russes. La gravure que
nous reproduisons montre que les Maisons-Russes ont
eu en effet cette affectation. Quant au nom de celui
qui tenait ce caffé, nous croyons que Esse était un
nom pris par Christnacht, toutes les pièces que nous
avons trouvées ne mentionnant que ce dernier nom.

A la mort d'Egalité, Christnacht avait été main-
tenu dans la possession de ce *caffé*. On venait de
Paris en partie fine au Raincy et parfois ces parties
dégénéraient en débauches. Thiroux cite trois bandes

de douze, trente et cinquante *bandits* qui ont *blessé la pudeur* des *habitants du parc*, et les ont forcés à se renfermer chez eux. Il termine sa lettre par ces mots : « Si la Commission n'y met bon ordre, le Raincy finira par devenir le rendez-vous de la crapule de Paris. »

Christnacht fut obligé de cesser son commerce, et à cette condition on lui permit de garder son logement dans les Maisons-Russes.

Thiroux n'était pas en guerre seulement avec Christnacht ; les hostilités commençaient entre lui et la directrice de la basse-cour, la citoyenne Bérard, soutenue par le piqueur Spette.

La bonne entente entre elle et Thiroux n'avait pas duré longtemps. Le mauvais naturel de la veuve Bérard, qui l'avait déjà fait détester de tous ses voisins de Vincennes, à ce point qu'ils firent des feux de joie le jour de son départ, la brouilla bientôt avec Thiroux. « C'est une femme qui s'entiche du premier venu, écrit-il ; elle parcourt dès la première entrevue plus de la moitié du cercle de la confiance, et arrive bientôt au degré de satiété ! »

Il se plaint amèrement de n'avoir récolté que de l'ingratitude pour prix de tous les services qu'il lui a rendus et qu'il lui rend encore malgré leurs disputes, car, dit-il, « c'est le bien de la chose publique qu'elle a mis en avant (véhicule auquel je ne saurais résister) qui m'a commandé de lui donner satisfaction sur l'heure même. »

La citoyenne Bérard, aidée de Spette, dit *la Brous-*

Vüe du Caffé Restaurateur du Reinci

Dans le goût Russe à 2 lieues ½ de Paris, par la Porte St Martin et Pantin

Dans le Jardin Anglais de M. D'orléans

Ce lieu charmant est tenu par le Sr ESSE Restaurateur, on trouve chez lui des promenades de bouche de toute espece, de toute Sorte de Vins et sermis très proprement, on y parle françois et anglois. toutes les Fêtes et Dimanches il y a des Bals Champêtres.

Se Vend chez le Ranger, Papetier. Rue des Grands Augustins. N u.

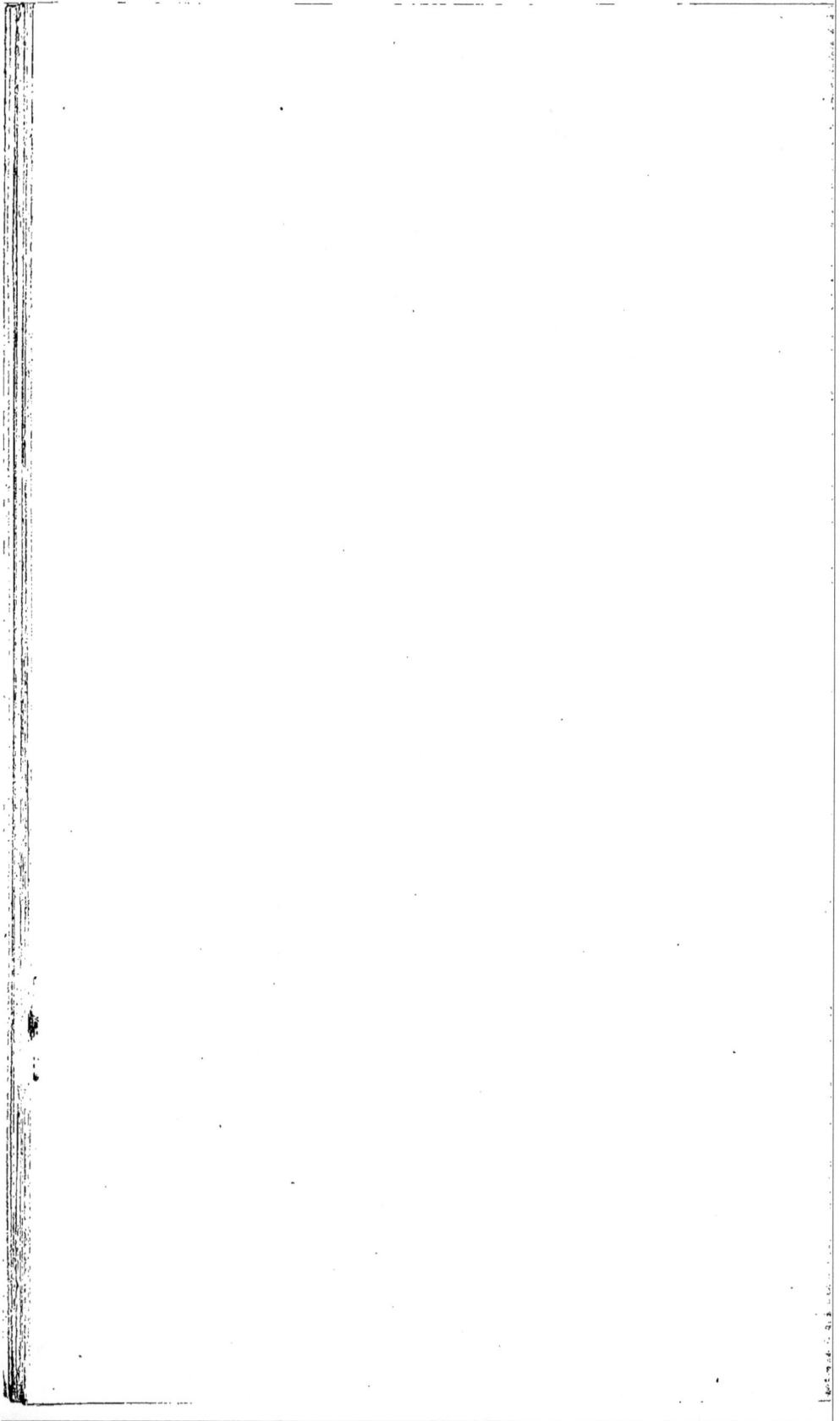

saille, dénonçait de son côté Thiroux : « Le directeur veut la faire mourir ; il lui refuse tout ce dont elle a besoin ; il ne veut pas même donner ce qui est nécessaire à la nourriture de ses animaux. »

Elle formule quatre chefs d'accusation contre lui : il n'a aucune des connaissances que l'on peut exiger du directeur d'un établissement rural ; il a été chassé pour malversations de la Commission des charrois au Ministère de la guerre ; il a été placé par Robespierre au Raincy pour y faire régner la terreur ; enfin il dilapide et partage avec plusieurs représentants du peuple et membres de la Commission les produits du Raincy.

Une seule personne peut relever l'établissement. — Sa foi républicaine et son patriotisme la forcent d'avouer qu'elle seule peut le diriger.

Thiroux répond en détail à cette longue élucubration et n'a pas de peine à se disculper des calomnies de cette femme « qui est une créature paitrie (*sic*) de fiel ; il ne faut qu'une femme comme elle pour tout bouleverser. Quant à lui, il ne voit que deux partis à prendre : ou chasser les méchants ou fermer le Raincy. »

Ce fut à ce dernier parti que s'arrêta la Commission d'agriculture et des arts, poussée à cette décision par les réclamations des municipalités voisines, les disputes qui troublaient sans cesse l'établissement et le peu de résultats obtenus. Par son arrêté du 11 floréal an III, elle déclara que la maison du Raincy serait fermée, que l'on vendrait une grande partie des animaux, et que le restant serait envoyé dans la maison nationale de Croissy.

17

Cet arrêté ne fut pas exécuté. Sans doute, le 21 floréal, une vente eut lieu qui rapporta 121,000 livres, mais une quantité assez considérable de bestiaux resta au Raincy, et l'établissement continua de fonctionner.

Un rapport du Ministère des finances nous donne l'état de la comptabilité du Raincy à la date du 30 prairial an III :

Il a été vendu en lait, fruits, bêtes. 127,053 fr. 18
Il est sorti du Trésor . . . . . . 90,000 »
Il y a donc un bénéfice de . . . . 37,053 fr. 18

Mais rappelons-nous, pour apprécier ces chiffres, que l'on n'avait pas eu à acheter de terres ni d'animaux, que l'on n'avait pas eu à faire de dépenses pour construire des étables, et que le parc du Raincy produisait beaucoup de fourrages ; en réalité, ces 90,000 livres ne représentaient que les gages des employés, et quant aux 127,000 fr. de recettes, on ne peut guère les compter comme de véritables recettes, car on fut obligé de rembourser le prix des animaux vendus.

La loi du 21 prairial an III ayant en effet décidé que l'on rendrait aux héritiers des condamnés les biens confisqués, il fallut restituer les animaux restant encore au Raincy et rembourser ceux qui avaient été vendus. L'établissement n'avait plus de raison d'être. Deux arrêtés du 1er thermidor et du 29 fructidor an III décidèrent la translation à Sceaux des quelques bêtes achetées en Sologne ou de celles qui n'avaient pas été réclamées.

Ce fut en vendémiaire an IV que Thiroux quitta cet établissement qui lui avait causé tant de soucis; il fut envoyé à Sceaux. La veuve Bérard, et son allié Spette, sur les justes plaintes de leur directeur, étaient enfin congédiés, trop tard malheureusement pour Thiroux.

Voici le relevé des animaux restant au Raincy et des divers endroits où ils furent répartis :

210 bêtes à laine | Envoyées à Sceaux et à Croissy.
29 bêtes à cornes |

5 chevaux . . . . | Envoyés à Versailles pour les remontes.

1 âne . . . . | Envoyés à Sceaux.
4 cochons . . . . |

Avant son départ, Thiroux prépara des logements pour les agents envoyés par la Direction des forêts, afin d'exploiter les bois du Raincy.

Malgré cette expérience désastreuse, le Directoire voulut créer, un an après, un nouvel établissement rural au Raincy. Dans un rapport du 4 brumaire an V, Bennazet, ministre de l'intérieur, conseilla d'y former un établissement succursale de celui de Rambouillet, pour y élever des moutons espagnols.

Le Directoire exécutif (11 brumaire an V) soumit ce projet à la délibération du Conseil des Cinq-Cents, mais il ne fut pas adopté, et la loi du 11 germinal an V déclara que le Raincy serait vendu.

La vente eut lieu le 21 germinal an V.

Les citoyens Pierre-Marie Cottereau, notaire de Noisy-le-Sec, et Pierre-Augustin Firmin, maître de poste à Bondy, achetèrent le Raincy avec déclaration de command ; et, quelques jours après, ils nommèrent leur command, qui était le citoyen Ventujol, demeurant à Paris, 4, rue Avoye, VII⁰ arrondissement.

Le décompte pour l'acquisition des biens nationaux nous indique à quelles conditions le Raincy fut acheté :

« Le domaine du Raincy et ses dépendances...., propriété de Louis-Philippe Capète (*sic*), a été adjugé pour 5,200,000 livres sur la mise à prix de 468,750 livres payables, savoir : *en numéraire*, le dixième de la mise à prix (46,875 livres) sur lequel on versera dans les dix jours 23,437 livres 50, en 4 cédules payables d'année en année et dans les six mois, 23,437 liv. 50 ; plus 4 dixièmes portant intérêt à 5 o/o, soit 187,500 francs.

» Le reste *en effets* de la dette publique, soit 234,375 livres, ainsi que l'excédent, par la voie des enchères, 4,731,250 francs. »

On voit que, sur cette énorme somme, 234,375 livres seulement devaient être payées en numéraire.

Les droits du seigneur de Livry, auquel 237,000 livres étaient encore dues par les d'Orléans sur le prix d'achat, étaient réservés.

Ventujol n'ayant pu payer même le premier dixième exigé par la loi en numéraire, fut déchu de son adjudication. En réalité, Ventujol n'était que le prête-nom du sieur Antoine-Aglaé-Hippolyte Sanguin de Livry, fils de François-Hippolyte Sanguin qui avait vendu le Raincy en 1769.

Sur la demande faite par de Livry qui s'engageait à payer pour Ventujol, celui-ci fut relevé de sa déchéance par une délibération du Directoire exécutif en date du 13 ventôse an VI.

Le 18 ventôse an VI (8 mars 1798), Sanguin de Livry rachetait le Raincy de Ventujol, moyennant 200,000 livres. La créance qu'il avait contre le duc d'Orléans se trouvait ainsi éteinte.

LE
CHATEAU MODERNE DU RAINCY

— ⹀ —

N écrivain qui fait autorité en ces ma-
tières, le bibliophile Jacob, dans son
ouvrage : *Le Directoire, le Consulat et
l'Empire*, constate qu'à l'époque du
Directoire, le retour au goût et au style
grec et romain s'étendait à l'architecture avec une in-
tensité telle que tous les propriétaires, lorsque l'occasion s'en présentait, transformaient leurs élégants
châteaux en de lourdes constructions, pastiches plus
ou moins réussis des monuments de l'ancienne Rome.

C'est ce qui arriva pour le Raincy.

Mal entretenu pendant la Révolution, pendant
l'essai d'établissement rural et les dix-huit mois qui
s'écoulèrent avant qu'il ne fût vendu à nouveau, l'ancien château de J. Bordier en était venu à un état de
délabrement tel qu'il fallut démolir la plus grande
partie des bâtiments d'habitation. Il ne pouvait venir
à l'esprit de ses propriétaires de le reconstruire dans

le goût primitif, et on le remplaça par une massive construction carrée dont nous reproduisons la vue d'après un ouvrage publié en 1808.

Voici la description de ce nouveau château du Raincy, puisée à une source authentique à la date de 1812, c'est-à-dire à une époque où cette résidence, après avoir eu sa période de splendeur que nous raconterons plus loin, était à son tour, pour ainsi dire, abandonnée et commençait, elle aussi, à se dégrader et à menacer ruine.

« Le château est composé d'un pavillon principal double en profondeur. Le côté du levant est élevé d'un rez-de-chaussée sur caves, d'un entresol, d'un premier étage en attique avec combles au-dessus, couvert en ardoises, noues, arrêtiers, chéneaux et descentes en plomb. Le tout surmonté d'un paratonnerre avec conducteur de descente, et garni à sa partie inférieure d'une girouette avec flèches indicatrices.

» La face du château, de ce côté, est décorée d'un grand péristyle ouvert, soutenu par six colonnes d'ordre ionique portées sur des piédestaux recouverts en dalles de liais et surmontées de leurs chapiteaux, entablement et attique, orné de balustres en pierre en mauvais état.

» Le côté du couchant du bâtiment principal est élevé partie d'un rez-de-chaussée sur caves, d'un premier étage avec entresol au-dessus, étage lambrissé, comble couvert de même construction que sur la face à l'est. Le tout surmonté d'un paratonnerre semblable au précédent.

Château moderne du Raincy. (Gravure de 1808.)

18

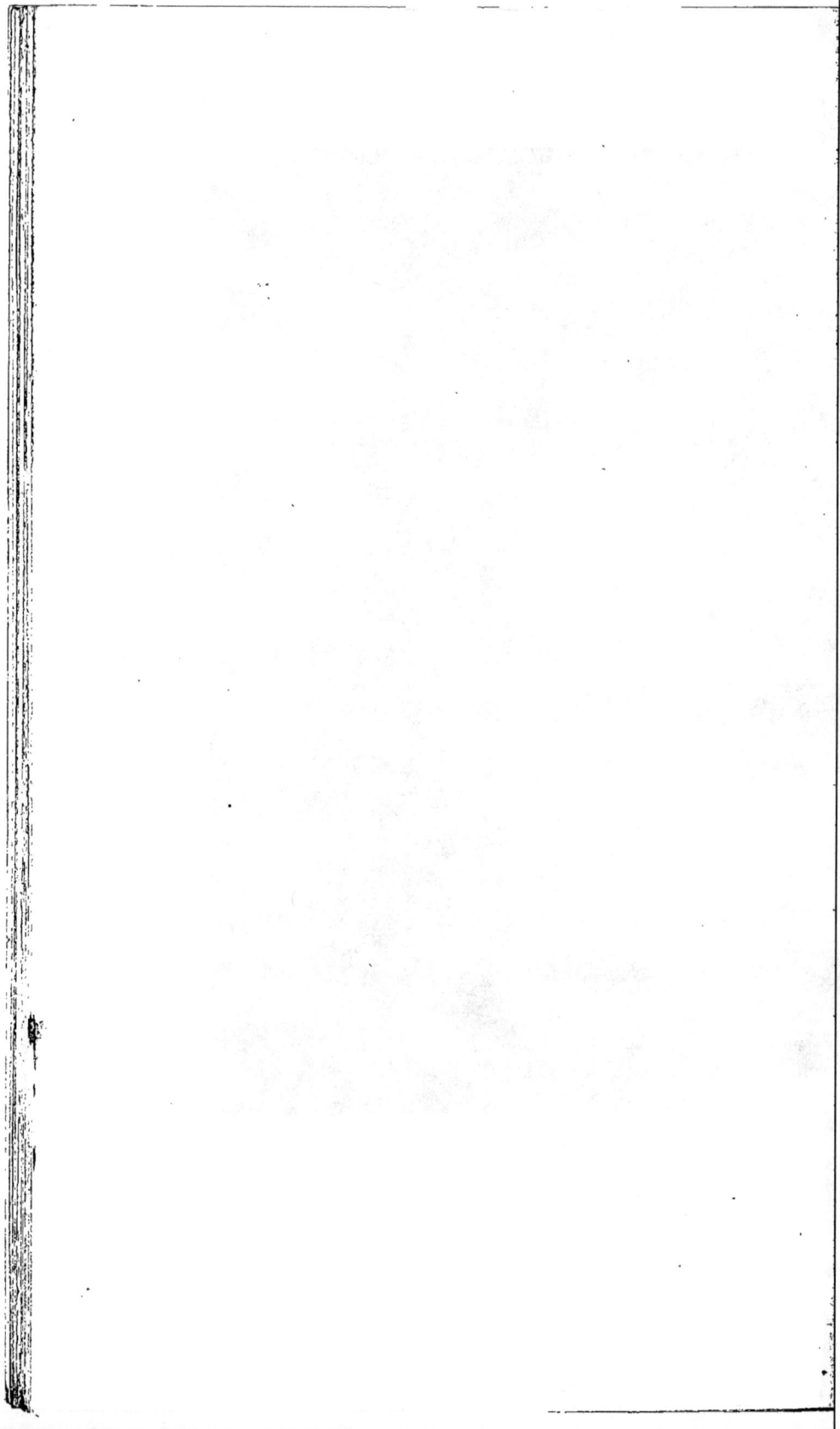

» Le rez-de-chaussée sur cette face est, ainsi que l'aile suivante du même côté, élevé au-dessus du sol par un perron en pierre, composé de marches et formant retours au nord et au sud. Ledit dans le plus grand état de dégradation.

» Le pourtour de ce bâtiment, ainsi que celui des ailes suivantes, est pavé en chaux et ciment en pavé de deux, avec revers et ruisseaux.

» Les deux ailes restant des démolitions de l'ancien château, dont celle, côté du sud, faisant suite aux grands appartements, est élevée d'un rez-de-chaussée avec entresol au-dessus couronné d'un attique avec balustres en pierre en très mauvais état. Les combles au-dessus sont couverts en ardoise, avec noues, arrêtiers, chéneaux et descente en plomb.

» L'aile au nord, plus longue que la précédente, faisant ainsi suite aux appartements du rez-de-chaussée dans sa partie joignant le bâtiment principal, laquelle forme avant-corps ou pavillon circulaire dans l'angle côté du couchant, et le reste servant aux offices et logements de suite, est de même construction que l'aile précédente, mais avec caves.

» A l'extrémité de cette aile est un pavillon carré, à l'usage des cuisines et logements de suite, lequel est élevé d'un rez-de-chaussée sur caves, d'un entresol au-dessus, d'un premier étage en mansarde, avec comble couvert en ardoise, noues, arrêtiers, chéneaux et descente en plomb. »

Le corps de logis principal, orné, comme il est dit plus haut, de 6 colonnes monumentales, avait une profondeur de vingt et un mètres et se développait avec ses annexes sur une longueur de quatre-vingt-trois mètres.

Le Raincy redevint un lieu de fêtes, pendant cette folle époque du Directoire. On avait eu si peur sous la Convention, on avait tremblé si souvent, que l'on s'empressait de jouir, d'abuser des moments relativement tranquilles procurés par cette époque de transition.

Sanguin de Livry renouvela au Raincy, reconstruit, comme nous venons de le dire, dans le goût de l'époque, mais néanmoins avec grand luxe, les fastueuses réceptions des anciens seigneurs de Livry. « Le Raincy, dit Touchard-Lafosse, fut depuis possédé par un M. Sanguin de Livry qui, sous le Directoire, y donna des fêtes délicieuses, dont Mmes Tallien et Récamier, beautés célèbres de l'époque, faisaient le principal ornement. On allait voir danser au Raincy le fameux Trenitz, qui mourut plus tard à Charenton. »

Le 13 vendémiaire an X (3 octobre 1801), Sanguin de Livry vendit le Raincy à M. Caroillon-Destillères pour la somme de 440,000 francs, dont 40,000 pour le mobilier. Depuis 1799, du reste, Sanguin de Livry n'habitait plus le château ; il l'avait loué au célèbre munitionnaire *Ouvrard*.

Ouvrard (Gabriel-Julien) était né à Clisson (Loire-Inférieure) en 1770. Tout jeune encore, il montra les plus grandes aptitudes commerciales. En 1789, il était négociant en denrées coloniales à Nantes ; il agrandit ses affaires, fit d'heureuses spéculations et, en 1797, devint munitionnaire général chargé du service des subsistances de la marine, service où il gagna quinze millions.

Il voulut alors avoir un château dont la beauté correspondît à sa fortune considérable, et il choisit le Raincy.

Ouvrard nous raconte, dans ses Mémoires, la vie joyeuse qu'il menait dans cette résidence vraiment princière.

« J'habitais le Raincy depuis plusieurs années. Je n'avais rien négligé de ce qui pouvait rendre agréable cette magnifique demeure : parc peuplé de gibier de toute espèce, meutes de chiens, écuries bien garnies et grande chère attiraient au Raincy tout ce qu'il y avait de plus distingué, de plus élégant dans la société. On y venait chercher, avec l'empressement qui constitue la vogue, ces amusements si variés, dont à cette époque la réunion ne se fût rencontrée nulle part. Le maître de la maison voulait que son absence même ne nuisît en rien à cette hospitalité qui lui paraissait le plus bel attribut de la fortune. Sans que je fusse au Raincy, les personnes de ma connaissance qui voulaient s'y promener y étaient reçues avec empressement, trouvaient des tables servies et toutes les prévenances accoutumées.

» Si les albums eussent été en usage, il serait curieux aujourd'hui de rechercher la nomenclature de toutes les personnes que j'ai reçues au Raincy. On y verrait des rois, des princes, des lords, tout ce que la noblesse, les lettres et les arts offraient de plus éminent.

» J'y eus une singulière occasion de connaître
jusqu'à quel point lord Erskine portait l'horreur du
sang. Il était venu avec M. Fox pour passer une
semaine au Raincy. Dès le premier jour on fit un
grand abatis de gibier qu'on apporta, selon l'usage,
devant le château. Lord Erskine, qui avait évité de se
joindre aux chasseurs, avait aperçu de sa fenêtre ce
monceau d'animaux tués et en éprouva un tel malaise
qu'il demanda sa voiture et partit sans prévenir
M. Fox.

» Parmi les faits très nombreux que je pourrais
citer, il en est un que je rappellerai, parce qu'il offre
un caractère particulier :

» Au mois de juin 1799, je fus réveillé par une personne d'un rang distingué qui demandait à m'entretenir un moment. « Monsieur, me dit le visiteur mati-
» nal, vous avez remplacé le duc de Chartres; s'il exis-
» tait, il me donnerait 500 livres dont j'ai besoin et que
» je vous demande. » Je fus choqué de cette manière de
demander un service, et quoique j'aie cherché à adou-
cir mon refus, mon individu me dit que je lui devais
raison à l'instant même, et que son second l'attendait
dans la salle de billard. Révolté d'un tel guet-apens :
« Qui êtes-vous? lui dis-je; où demeurez-vous? »
Surpris par mon apostrophe, il donna son nom et son
adresse, et j'acquis la triste certitude qu'un extrême
besoin m'avait seul valu cette étrange visite. »

Ouvrard n'était pas le seul hôte du Raincy : il
avait offert la porte de Chelles et le château de la
Pompe au général Berthier. « Le général Berthier,

dit-il, accepta l'offre que je lui fis d'une des maisons du parc du Raincy ; c'était un rendez-vous de chasse où souvent il reçut le premier consul (*). »

Berthier y installa, lors de son départ pour l'Égypte, sa maîtresse, Mme Visconti, qui y resta quelques mois. Berthier l'adorait. « Ce pauvre Berthier, — dit Mme d'Abrantès, femme du général Junot, qui habita le Raincy après Ouvrard, — en était tellement affolé dans ce temps-là, qu'il en perdait le boire, le manger et le dormir ; j'ai fait cette grande phrase-là, parce que je ne pouvais pas dire que son amour lui faisait perdre l'esprit. »

Ouvrard avait entretenu et réparé le nouveau Raincy et l'avait meublé luxueusement : sa magnificence était renommée, et son château était cité comme l'un des plus beaux des environs de Paris ; on y remarquait surtout une salle de bains ornée avec tout le luxe d'un financier doublé d'un homme de goût.

« Cette salle de bain, lisons-nous dans un auteur du temps, est un lieu ravissant. Il s'y trouve deux cuves en granit gris et noir, taillées chacune dans un seul bloc et d'une immense dimension. Elles sont

(*) La porte de Chelles était située sur l'emplacement actuel du rond-point de Montfermeil. Le dernier vestige de cette construction, la maison du Lierre, qui en était une dépendance, et qui devait son nom au lierre magnifique qui l'enlaçait, a été récemment démoli. Ce petit bâtiment était occupé, dit-on, par des nègres, domestiques de Berthier.

Une petite hutte en pierre qui servait de poudrière pour les chasses et qui avait conservé intacts ses dehors pittoresques, vient d'être aménagée en pied-à-terre.

enfermées dans quatre pilastres de même granit; trois stores de satin blanc ferment comme un cabinet ces piliers de granit. Le pavé est formé de grands carreaux de jaune antique et de marbre blanc et noir. La cheminée est d'un granit vert antique, et le pourtour de la salle est en stuc parfaitement travaillé. Le fond de la chambre est occupé par un vaste sofa circulaire en velours vert ; au-dessus sont représentés des sujets mythologiques parfaitement exécutés. Une lampe d'un travail précieux était suspendue au plafond. A côté de cette salle de bain, digne des temps où Rome était la reine du monde, il y avait un appartement meublé avec tout le goût qu'on connaît à Ouvrard, et l'on sait qu'il est passé maître en cette matière. »

Ouvrard, comme nous l'avons dit, avait été le locataire de Sanguin de Livry ; après l'achat fait par M. Caroillon-Destillères, il avait continué à habiter le Raincy ; ce ne fut qu'en 1806 qu'il se décida à posséder comme propriétaire la magnifique demeure qu'il habitait depuis sept ans ; le 20 octobre 1806, M. Caroillon-Destillères vendit le Raincy à Ouvrard par acte sous seing privé.

LE

GÉNÉRAL JUNOT AU RAINCY

UVRARD était à peine devenu propriétaire du Raincy que, probablement pour s'assurer l'appui de Junot, gouverneur de Paris, contre la haine dont le poursuivait déjà Napoléon, il lui loua le château. Mme Junot, dans ses curieux Mémoires, nous apprend avec quelle délicatesse son mari lui offrit de l'habiter ; elle nous donne en même temps une délicieuse description du Raincy et de son superbe parc :

« Un jour Junot me dit :

» — Il faut que tu viennes dîner au Raincy : Ouvrard m'a donné la permission d'aller y tuer quelques daims, et je veux que tu fasses avec moi cette chasse, en calèche.

» Le temps était admirable, on était aux premiers jours d'octobre. La chasse fut heureuse. Je regardais avec délices ces beaux ombrages du Raincy, ce château qui, malgré le vandalisme qui en avait abattu les

trois quarts, était encore d'une grande beauté au
milieu de ces massifs si verts et si frais, entouré de
cette jolie maison russe, de la pompe à feu, de la
maison du Rendez-vous, de celle de l'Horloge; puis,
le village au bout de cette belle allée de peupliers; et
l'orangerie, et le chenil, et tout ce qui fait du Raincy
enfin une délicieuse habitation... Mais je ne me bor-
nai pas à admirer les beaux ombrages du parc lorsque
j'entrai dans le château; M. Ouvrard en avait fait ce
qu'il fait toujours du moindre lieu qui lui tombe dans
les mains : un palais enchanté. Je ne sais si le roi a
laissé subsister la salle de bains et la salle à manger,
je le présume au moins, car il ne peut rien faire qui
les surpasse; la salle de bains me parut surtout tellement charmante que je ne pus retenir une exclamation
en y entrant :

» — Mon Dieu! m'écriai-je, qu'on doit être heureux dans un lieu comme celui-ci!

» Junot s'approcha de moi, me regarda en sou-
riant, et me prenant par la main, il me conduisit au
salon. C'est une immense pièce divisée en trois, mais
seulement par des colonnes, entre lesquelles se trou-
vent des statues portant des candélabres; dans l'une
des extrémités est le billard, à l'autre bout est le salon
de musique et au milieu se trouve le salon de réception. Ces trois pièces n'en forment qu'une à volonté.
C'était jadis la chambre à coucher du duc d'Orléans;
elle est dans une des ailes avancées, de sorte que les
trois pièces ont vue sur le parc réservé aux habitants
du château et interdit au grand gibier. Cette portion

du parc était dessinée dans la perfection et sur le plan
le plus simple; c'était une vaste pelouse bordée au
bout par une rivière au bord de laquelle se trouve une
orangerie encore construite par Ouvrard et la maison
du Rendez-vous; puis, à droite et à gauche de cette
pelouse, en partant du château, il y avait deux allées
à perte de vue, l'une de lilas, l'autre d'arbres de Ju-
dée. Des fenêtres du salon la vue était admirable, je
ne pouvais me lasser de regarder.

» — Comment trouves-tu ce château et ce parc ?
me dit Junot.

» — Ah ! c'est un lieu de féerie !

» — Et si, en effet, par un coup de baguette, tu
en devenais la maîtresse, qu'en dirais-tu ?

» — Je n'en sais rien, car bien sûrement cela
n'arrivera pas.

» — Le désires-tu beaucoup ?

» Je devins rouge à la seule pensée que cela pouvait être, et je ne pus que le regarder avec une expression qui probablement lui plut, car il me prit dans ses
bras, m'embrassa et me dit :

» — Eh bien ! il est à toi.

» Il est sans doute bien des heures amères dans
la vie, et je puis le dire plus qu'une autre, mais il est
aussi de ces minutes fugitives, peut-être, mais brû-
lantes, incisives dans l'âme, et qui donnent pour une
éternité de bonheur.

» Ma belle-mère était alors à Paris; elle était
venue voir son fils chéri dans toute la gloire de sa
destinée. Bonne mère !... Qu'elle était heureuse de ma

joie ce jour-là! Elle était heureuse de tout ce qui était
autour d'elle, de l'air qu'elle respirait... Son fils était
dans tout.

    » — Je voudrais passer le reste de ma vie avec
vous ici, me dit-elle ce même soir.

    » Hélas! son souhait fut réalisé.

    » Nous nous installâmes au Raincy. Junot allait
facilement à Paris et revenait dîner. Quant à moi j'é-
tais la plus heureuse des femmes de m'y voir établie. »

    Mme Junot habita le château avec sa belle-mère.
Ses trois filles furent installées avec leur gouvernante
au pavillon de l'Horloge; presque aussitôt les fêtes
commencèrent.

    « Je voulus inaugurer ma belle habitation du
Raincy. Je demandai à Junot d'y donner une fête à
Madame mère avant de recevoir aucune autre personne
de la famille impériale. Il y consentit. Mais lorsque
je fus demander à Madame son jour, et de désigner
les personnes qu'elle désirait avoir, elle se refusa à
tout ce qui aurait l'apparence d'une fête; elle me
témoigna ce désir de venir chez moi, mais elle ne voulut accepter qu'un déjeuner; elle nomma les personnes
qui devaient y être; et elle eut la bonté de venir d'assez
bonne heure pour que nous pussions la faire promener sous ces beaux ombrages du parc intérieur. Puis,
après déjeuner, j'avais fait préparer des calèches atte-
lées à la Daumont, et nous parcourûmes le grand
parc, en ayant soin de diriger la marche de Madame
par la haute futaie qui entourait la pompe à feu, la
belle prairie au bas de laquelle est le chenil, la partie

Gravure de 1808.

Le HAMEAU au RAINCY

Warnberg Imp.

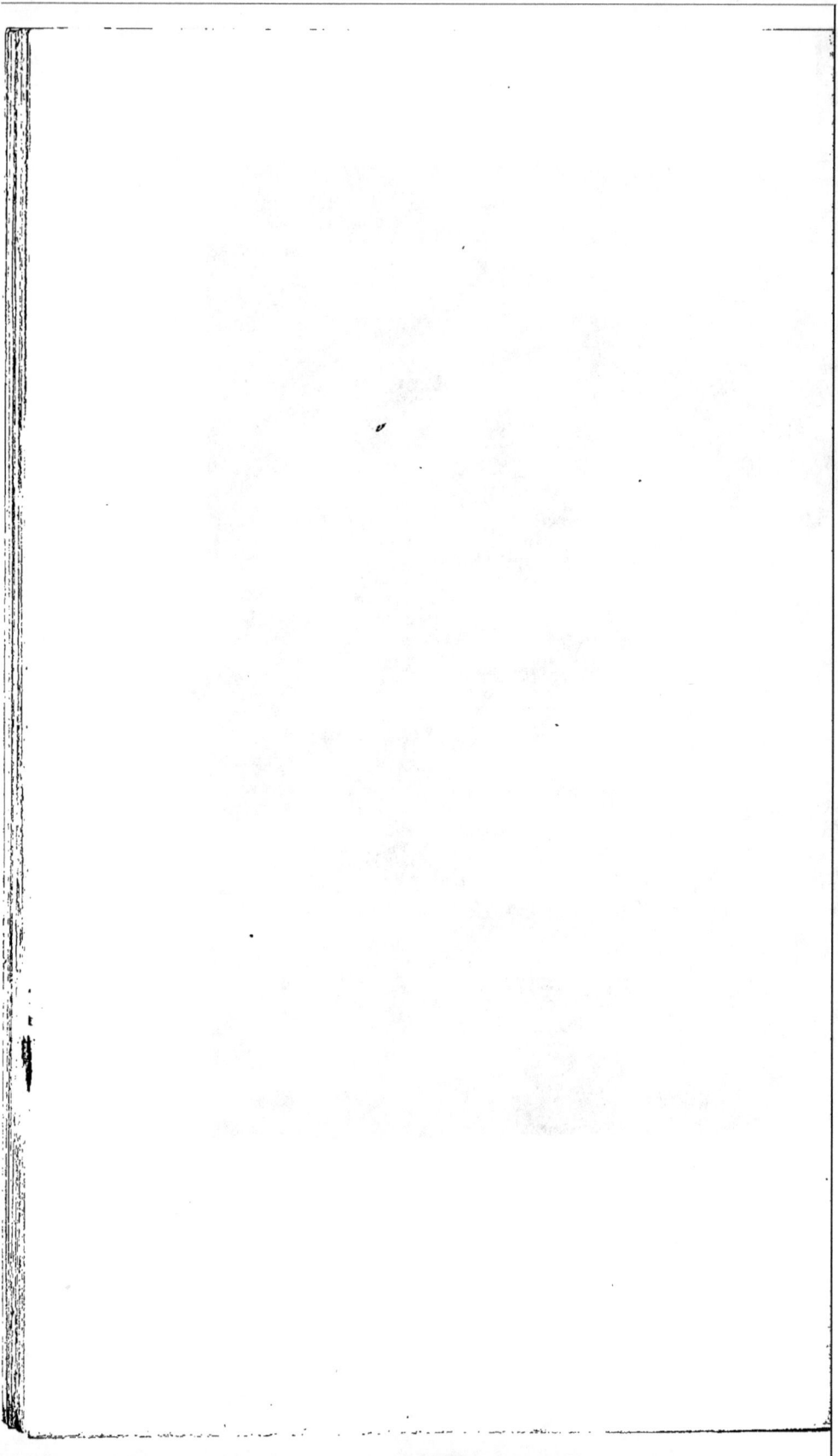

agreste où se trouve la porte de Chelles, et la portion
plus rustique et plus gaie où se trouve le village. Souvent la course rapide de nos calèches faisait fuir dans
l'intérieur du bois une foule de jeunes daims et de
cerfs qui servaient merveilleusement à l'ornement du
paysage. Madame ne connaissait pas le Raincy ; elle
en fut enchantée et elle eut la bonté de me dire, en
m'embrassant, combien elle jouissait de m'en voir
l'heureuse maîtresse.

» La grande duchesse de Berg vint le lendemain
comme on l'avait annoncé ; elle avait avec elle Mᵐᵉ Adélaïde de La Grange, M. de Cambyse et M. de Mont-
breton, écuyer de la princesse Borghèse. On courut
le cerf toute la matinée, on dîna, puis le soir on fit de
la musique. Je chantai un duo de la *Camilla* de Fio-
raventi avec Nicolo Isouard, aimable artiste que je
voyais souvent chez moi, et toujours avec plaisir.

. . . .

» Cette chasse, où vint la grande-duchesse, fut
suivie d'une autre visite qui me fut plus douce à recevoir. Ce fut celle de l'impératrice Joséphine ; elle vint
passer une grande partie de la journée au Raincy et
fut d'une amabilité parfaite pour tout ce qui se trouvait avec nous.

. . . .

» On parla pendant le déjeuner d'un événement
qui alors attirait l'attention de toute l'Europe, c'était
l'affaire de Mᵐᵉ la princesse de Hatzfeld. »

Ayant appris tout l'éclat de ces fêtes, la princesse
Borghèse voulut à son tour être reçue au Raincy.

Elle projetait de courre le cerf en palanquin. Cette idée assez bizarre ayant fait sourire Mme Junot, et excité les railleries de tous ses amis, la princesse renonça à son projet, et le Raincy ne vit pas cette chasse d'un nouveau genre.

Après les fêtes d'inauguration, les réceptions cessèrent pendant quelque temps : la mère de Junot, qui habitait le Raincy, était tombée malade.

« Junot passait alors de continuelles inspections pour envoyer des troupes en Allemagne; il ne venait au Raincy que pour dîner; et puis il repartait pour Paris à huit heures ou à neuf heures, le lendemain matin, quand il ne retournait pas le même soir pour y passer la soirée chez la princesse Caroline, qui commençait déjà à le soigner extrêmement. »

Ce fut au milieu de ces préoccupations que la mort de sa mère vint surprendre Junot, auquel on avait caché la gravité de la maladie. Sa douleur fut extrême.

« Il voulut lui-même conduire le convoi. Ma belle-mère fut enterrée à Livry. Je connaissais la sensibilité excessive de Junot, et je craignais quelque accident. En effet, au moment de jeter de l'eau bénite sur le corps, il tomba sans connaissance et fut longtemps fort mal. Jamais Junot n'a pu parler depuis de sa mère sans que ses yeux ne devinssent humides. »

Malgré sa douleur, Junot, en sa qualité de gouverneur de Paris, fut bientôt obligé de reprendre ses réceptions au Raincy, ses inspections de troupes, qui nécessitaient sa présence continuelle à Paris, ayant

Gravure de 1809.

1.e PAVILLON DE LA POMPE au Raincy.

20

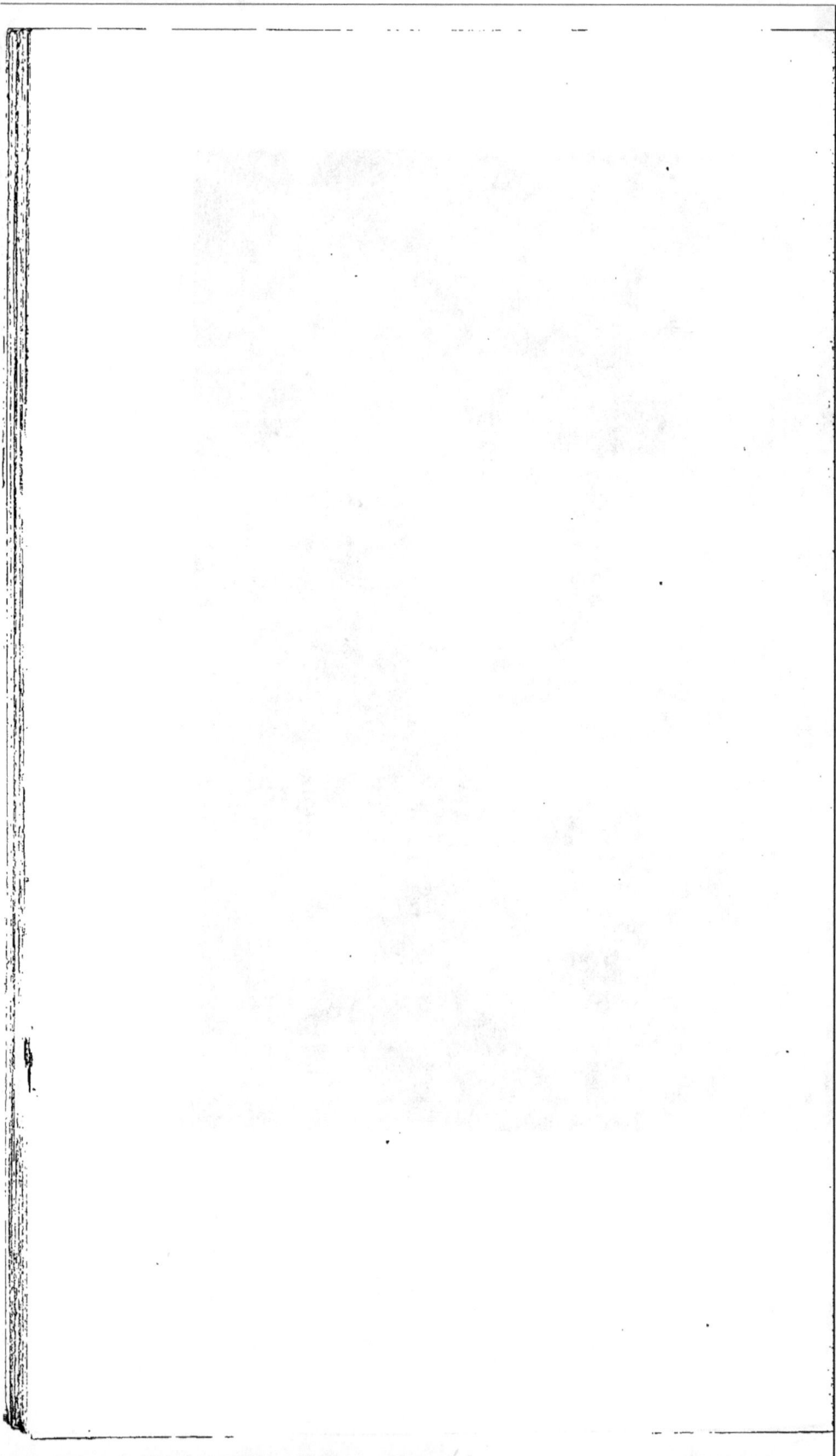

cessé. Les fêtes furent si nombreuses et si brillantes qu'on disait de Junot *qu'il faisait le petit duc d'Orléans après avoir voulu signer le comte d'Artois à Longchamps.*

Parmi les hôtes du Raincy, nous pouvons citer le prince de la Paix ou marquis de la Romana « auquel, dit Mme Junot, je donnai une fort belle fête ainsi qu'à tout son état-major ». La grande-duchesse de Berg (princesse Caroline Murat), étant devenue la maîtresse de Junot, vint plusieurs fois au Raincy où des fêtes de nuit lui furent données. Ces fêtes eurent un tel retentissement, et Junot y afficha tellement la grande-duchesse, que Napoléon, à son retour de Russie où il venait de signer la paix de Tilsitt, le réprimanda sévèrement sur *ces chasses au cerf.*

La passion de Junot atteignit bientôt un si grand degré, que Napoléon, pour l'éloigner de la princesse Caroline, et lui donner l'occasion d'acquérir de la gloire, le chargea de conquérir le Portugal qui refusait d'adhérer au blocus continental. Junot revint donc à Paris, et y fit ses préparatifs de voyage ; il allait partir pour Bordeaux, quand le 20 août, à neuf heures du soir, il reçut la lettre suivante du grand-maître du palais Duroc :

« La princesse royale de Wurtemberg, mon cher
» Junot, arrivera avec sa suite demain, à neuf heures,
» au Raincy pour y déjeuner et s'y reposer jusqu'à
» sept heures du soir. Voilà ce que Sa Majesté vient
» d'arrêter. Veux-tu avoir la complaisance de donner
» des ordres pour que tout soit prêt. J'enverrai soit

» pour service, soit pour cuisine, ce que tu jugeras
» convenable que je fasse, etc. »

La princesse de Wurtemberg venait en France
pour se marier avec le prince Jérôme qu'on avait
obligé de divorcer avec Mlle Patterson, sa première
femme. Le maréchal Bessières l'avait épousée au nom
de Jérôme, et l'accompagnait dans son voyage.
D'après l'itinéraire, la princesse de Wurtemberg
devait arriver à dix heures du matin à Paris ; mais
Napoléon, ne voulant pas lui faire une *entrée*, décida
qu'elle s'arrêterait au Raincy, et que la première
entrevue y aurait lieu. « C'est une admirable chose,
disait-il en parlant du Raincy, qu'elle trouvera plus
belle, j'espère, que les grands châteaux demi-gothiques
de la Souabe ou de la Bavière. »

Cette décision ayant été prise subitement, Duroc
n'avait pu prévenir Junot avant la veille au soir.
Mme Junot, quoiqu'elle n'eût que douze heures
devant elle, ne perdit pas la tête. Elle fit venir son
intendant Réchaud, en qui elle avait toute confiance,
et lui exposa la situation.

« — Madame peut partir pour le Raincy, me
répondit-il avec un sang-froid digne de Vatel, tout sera
prêt pour l'heure indiquée.

» Je connaissais Réchaud. Je montai en calèche
et je partis fort tranquille pour le Raincy, à dix heures
du soir, par un temps admirable..... En arrivant au
château, je trouvai déjà des fourgons qui apportaient
des provisions pour le lendemain. Toute la nuit le
chemin du Raincy à Paris fut continuellement couvert

d'allants et venants qui transportaient tout ce qui était nécessaire non seulement comme nécessité, mais comme luxe... Tout était prêt, jusqu'à un bain qui était préparé dans la belle salle de bain, si la princesse avait voulu se plonger dans l'une des cuves de marbre pour y laisser la poussière de la route.

» Je la reçus à la descente de sa voiture sous le péristyle du château. J'étais en demi-toilette de cour, c'est-à-dire que je portais une robe de moiré blanche à queue, et une toque blanche avec deux plumes.....

» Elle ne voulut pas profiter du bain, et parut désirer que le déjeuner fût servi de bonne heure... On sortit de table à onze heures et demie. Je demandai à la princesse si elle aurait pour agréable de courre un cerf dans le parc. Il y avait des chevaux de selle à sa disposition, ou bien une calèche si elle aimait mieux une chasse plus tranquille ; elle choisit elle-même la calèche, et ayant fait amener deux de ces *corbeilles* dans lesquelles on courait la chasse à Fontainebleau et à Rambouillet, nous partîmes pour faire d'abord le tour de la forêt de Bondy, puis nous rentrâmes par la porte de Chelles ; et là, ayant trouvé la meute et les piqueurs, on lança un jeune daim qui fut presque aussitôt pris, et non pas *pendu*, mais fort maltraité par les chiens. La princesse, d'abord sérieuse et même triste, finit par s'égayer, et parut enfin contente. Comme la chaleur était accablante, nous rentrâmes comme trois heures sonnaient. Ce n'était, d'ailleurs, que le temps nécessaire pour que la princesse fît sa

toilette, opération que nous devions également mettre
à fin pour nous-mêmes...

» En rentrant dans ma chambre, je me déshabillai
et me couchai sur une chaise longue. Je m'y reposais
depuis un moment, lorsque l'une de mes femmes
vint me dire avec une sorte de fièvre dans les mouve-
ments et la parole :

» — Ah ! madame, comment va-t-on faire ?... La
princesse n'a pas de chemise !

» — La princesse n'a pas de chemise ! m'écriai-je
en sautant sur mes deux pieds malgré mon *empêche-
ment* (Mme Junot était grosse de six mois), la princesse n'a pas de chemise !

» Le fait est que les fourgons de la princesse
étaient repartis après que ses femmes eurent pris
toute la toilette de leur royale maîtresse, et dans le
tumulte inséparable des toilettes de voyage, la chemise avait été oubliée.

» — Ah çà ! dis-je, mais nous sommes aussi folles
que les femmes de Son Altesse Royale ; si la princesse
n'a pas de chemises, prenez-en une demi-douzaine,
c'est cinq fois plus qu'il ne lui en faut ; car, par le
temps qu'il fait, je ne présume pas qu'elle en mette
deux, et encore moins trois.

» — Et par où voulez-vous qu'elle y entre,
madame ? me dit Joséphine.

» Pour comprendre la question, il faut savoir
qu'à cette époque j'étais excessivement mince, et tellement même, que ma grossesse n'altérait aucunement
ma taille. La princesse de Wurtemberg était énormé-

Vue des Batimens des Ecurnes et de la Venerie dans le Parc du Raincy.

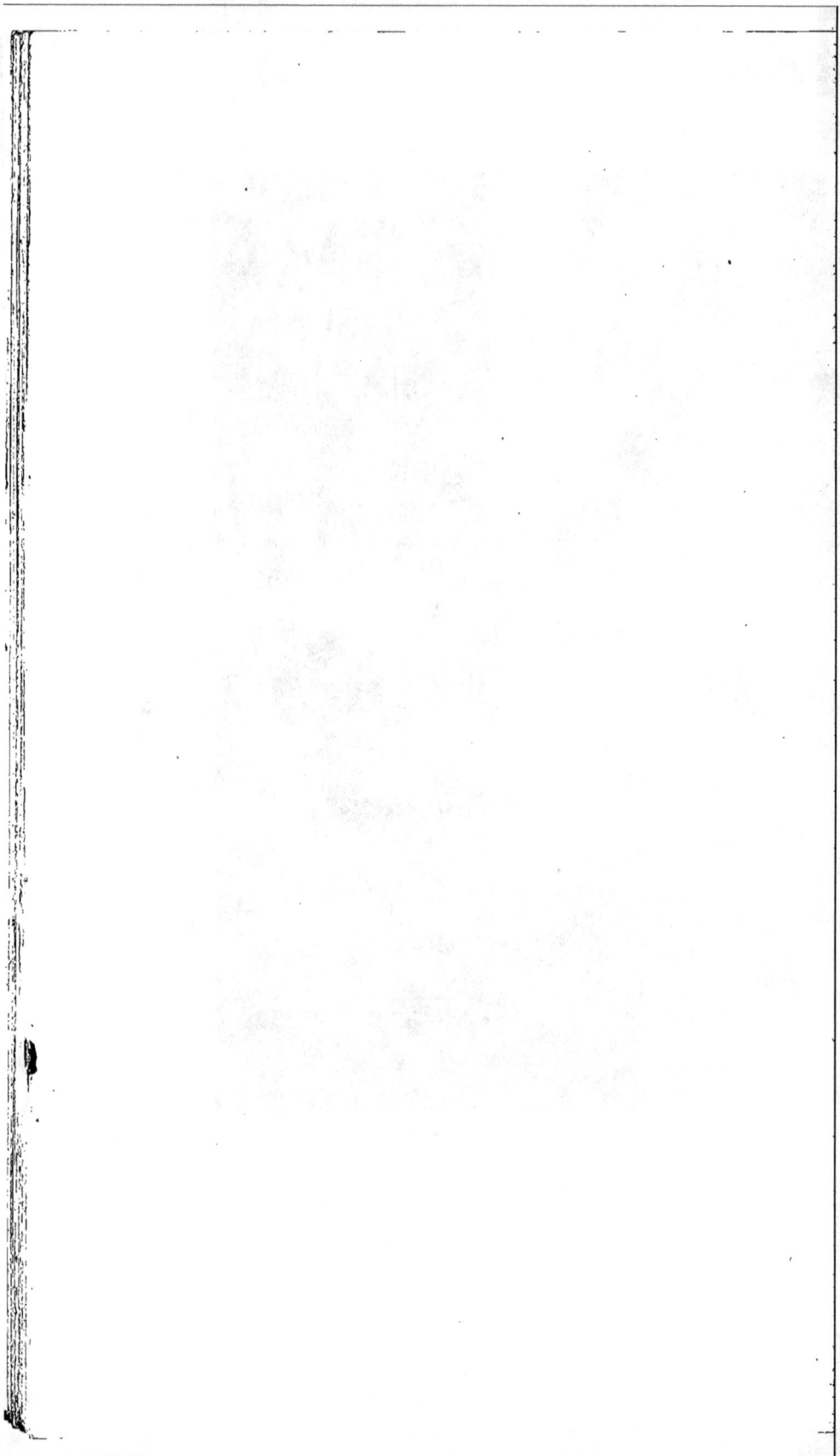

ment grasse au contraire, et toute la partie inférieure de sa taille était plus du double de la mienne. Je me mis à rire à cette idée.

» — Porte-leur toujours ces chemises, lui dis-je enfin ; on en fera ce qu'on pourra et ensuite ce qu'on voudra.

» Mlle Reidler porta une demi-douzaine de belles chemises de batiste brodée, avec les manches gaufrées et à poignet, ce qui était le plus tragique. La princesse entra dedans exactement comme dans un étui. Quant aux poignets, on les coupa. Je ne sais si les femmes s'accusèrent de leur oubli. Le fait est que les chemises furent coupées pour faciliter le passage, car jamais elles n'auraient pu servir. »

La princesse de Wurtemberg appréhendait fort cette entrevue. Elle savait que Jérôme Bonaparte avait été forcé de divorcer, et qu'il ne se mariait avec elle que contraint. Aussi ne voulut-elle dîner qu'avec des femmes, et pria-t-elle Mme Junot de la prévenir quelques instants avant l'arrivée du prince. Le dîner des dames, qui avait été servi dans la bibliothèque, assez grande rotonde dans la partie gauche du château, fut fort triste. Celui des hommes fut gai, au contraire.

Pour satisfaire le désir de la princesse, Mme Junot avait fait placer dans la Maison-Russe M. de Grandsaigne avec ordre de lui annoncer l'arrivée du prince. A la fin du repas, elle sortit pour se rendre compte par elle-même des dispositions prises pour recevoir Jérôme.

« Je montai moi-même jusqu'à la Maison-Russe,

21

où se tenait M. de Grandsaigne, dînant tout seul, et braquant sa lunette sur la grande route.

» — Eh bien ! *sœur Anne*, lui criai-je du bas de la pelouse, *eh bien ! sœur Anne, ne voyez-vous rien venir ?*

» — *Je ne vois, ma châtelaine, que l'herbe qui verdoie et la poussière qui poudroie*, me répondit-il.

» Je regardai dans la campagne, et, en effet, rien ne paraissait. Mais au moment où j'allais quitter la pelouse, une masse de poussière s'éleva sur la route de Paris, et plusieurs voitures se dirigèrent vers l'avenue de peupliers ; je descendis aussitôt, et je prévins la princesse que dans cinq minutes le prince allait être auprès d'elle. Elle me remercia par un demi-sourire, mais elle me faisait de la peine. Son visage était d'un pourpre foncé, et tout en elle était presque alarmant ; mais cette agitation se calma extérieurement comme à commandement. Elle appela Mme de Luçay, lui donna probablement ses ordres pour que le départ suivît immédiatement l'entrevue, puis se plaça dans la pièce où elle devait avoir lieu.

» On connaît la distribution du grand salon du Raincy : il est partagé en trois. Au bout est le salon de musique, à l'autre bout le billard, et au milieu le salon de réception. Le prince devait entrer par le salon de musique, la princesse était dans celui du milieu, placée auprès de la cheminée, et ayant près d'elle un fauteuil destiné au prince. Nous étions toutes dans la salle de billard, pouvant voir tout ce qui se passait dans le salon du milieu, dont elle n'est séparée que par des colonnes entre lesquelles sont placées des statues. On entendait déjà le bruit des voitures roulant rapidement dans l'avenue, lorsque Mme Lallemand, me tirant par ma robe, me dit :

» — Mon Dieu ! il me vient une idée... Savez-vous bien que ma vue peut faire en ce moment une singulière impression sur le prince ?

» — Comment cela ?

» — C'est que la dernière fois qu'il m'a vue, c'était à Baltimore, étant avec sa femme, Mlle Patterson, que je connaissais beaucoup. Ne croyez-vous pas qu'en me retrouvant après tout ce qui s'est passé, je ne lui rappelle... ?

» — Ah ! mon Dieu ! je le crois bien, m'écriai-je en la poussant dans la pièce voisine, car dans le même instant le vestibule retentissait de l'arrivée du prince, et en effet, quelques secondes après, la porte s'ouvrit, et le maréchal Bessières l'introduisit.

» En apercevant le prince, la princesse se leva, fit deux pas en avant, et salua avec beaucoup de grâce, quoique avec beaucoup de dignité ; quant à lui, il ne salua ni bien ni mal ; il semblait n'être venu là que parce qu'on lui avait dit : Tu iras là..... Il s'approcha de la princesse, qui me parut en ce moment avoir recouvré toute sa présence d'esprit, et tout son calme de femme et de princesse. Après quelques paroles échangées, elle indiqua au prince le fauteuil placé près d'elle, et une conversation sur le voyage s'établit aussitôt, mais elle fut courte. Jérôme se leva en disant, avec une galanterie de Galaor :

» — Mon frère *nous* attend... Je ne veux pas retarder plus longtemps le plaisir qu'il doit éprouver à connaître la nouvelle sœur que je vais lui donner.

» La princesse sourit et reconduisit le prince jusqu'à l'entrée du salon du milieu... »

A peine le prince fut-il sorti, que la princesse, ne pouvant plus résister à son émotion, se trouva mal. Dès qu'elle fut remise, elle commanda ses voitures, et au moment de partir, s'avançant vers Mme Junot :

« Je n'oublierai jamais le Raincy et la bonne hospitalité que j'y ai reçue. C'est un lieu qui me rappellera les plus doux moments de ma vie. »

Quelques jours après cette entrevue si accidentée, Junot partait pour Bordeaux. Sa femme continua d'habiter le Raincy.

Un jour Napoléon la fit venir aux Tuileries, et après lui avoir demandé des nouvelles de Junot, il lui dit brusquement :

« — Je vous prends le Raincy. Duroc ne vous l'a-t-il pas dit ?

» Je fis de la tête un signe négatif, et puis j'articulai très bas : Non, sire.

» — Oh ! oh ! dit-il avec un singulier mouvement de lèvres et de sourcils, oh ! oh ! en est-il ainsi de votre attachement pour le Raincy ! Comment, vous faites la lippe comme un enfant de quatre ans à qui je prendrais un jouet. Eh bien, pour vous dire la vérité, je suis fort aise de le faire dans l'intérêt de ce fou de Junot : ce Raincy l'eût entraîné à trop de dépenses. »

Mme Junot ne répondit rien ; elle songeait com-

bien Junot, qui trouvait le Raincy agréable pour satisfaire sa passion pour la chasse, serait chagriné.

» Eh bien ! me dit l'empereur, je me charge du
Raincy, entendez-vous, madame Junot... écrivez-le à
votre mari.... Ah çà ! est-ce donc que vous chassez
aussi, vous ? vous êtes toute décomposée...

» Le fait est que je savais toute la peine qu'allait
éprouver Junot, et je pris sur moi de le dire à l'empereur.

» — Allons, allons, fadaises que tout cela ; il
chassera tout aussi bien dans la forêt de Saint-Germain que dans celle de Bondy... C'est un service que
je lui rends, d'ailleurs, en l'empêchant d'avoir le
Raincy... et puis je donne Neuilly à la princesse Pau-
line, il me faut une propriété à la porte de Paris ;
le Raincy est là... je le prends et voilà l'affaire con-
clue. »

Napoléon, en réalité, ne voulait acheter le Raincy
que pour nuire à Ouvrard. Celui-ci, qui était devenu
seul propriétaire du Raincy, comme nous l'avons dit,
en 1806, avait fait faillite en 1807, mais n'ayant pas
reçu son prix de vente, M. Caroillon-Destillères était
rentré en possession du château par acte du 2 septembre 1807.

Napoléon voulait, en se substituant à M. Caroillon-Destillères, ami d'Ouvrard, *taquiner* celui-ci auquel il portait une haine assez incompréhensible.

Il n'acheta pas cependant le Raincy sur-le-champ.
Mme Junot étant partie rejoindre son mari en Espagne, M. Destillères revint habiter le château, et Ou-

vrard nous apprend qu'il alla plusieurs fois chasser avec lui dans son ancien domaine. M. Destillères, qui était un grand chasseur, ne s'occupa pas d'entretenir le château, et comme une partie menaçait ruine, il la fit abattre en 1807.

LE RAINCY SOUS NAPOLÉON

1812 — 1814

NAPOLÉON n'avait pas abandonné son idée de devenir propriétaire du Raincy, et il la mit à exécution quelques années après la scène curieuse où il avait annoncé si brusquement à Mme Junot qu'elle devait quitter cette résidence.

Le contrat de vente, en date du 11 avril 1812, mentionne qu'à cette époque la contenance du parc était de 193 hectares.

Arbres de futaie ...	74	hectares.
Bois taillis........	37	»
Terres labourables.	2	»
Potager..........	1	»
Prairies ou gazon..	79	»
	193	hectares.

Le tout enclos de murs.

Plus une pièce de 8 hectares 75 ares, restant d'une

pièce de terre labourable, sur le territoire de Bondy à l'extérieur, touchant le parc.

Plus une petite pièce de bois taillis, essence de chêne, de la contenance de 41 ares, aussi à l'extérieur du parc, mais sur le territoire de Gagny.

L'ensemble était évalué à environ 208 hectares.

Le prix d'acquisition était de 1,025,000 francs se répartissant ainsi :

Mobilier...	42,129 fr.	75
Statues, vases et figures de marbre	32,400	»
Orangers et arbustes............	21,718	»
Bêtes de vénerie..............	2,800	»
	99,047 fr.	75

Étaient exceptés de la vente, les équipages de chasse de M. Destillères, le vin, le bois à brûler, les grains, fourrages, la glace des glacières, les meubles des portiers, trois glaces appartenant à M. d'Hanencourt dans la Maison-Russe, et deux glaces appartenant à Son Altesse le prince de Neuchâtel (*sic*) à la porte de Chelles, etc.

Le domaine était estimé 925,952 fr. 25.

Le château, tel que Destillères le vendait, était déjà assez ruiné ! Dans un état des lieux du 17 avril 1812 dressé par Léonard Fontaine, architecte de Sa Majesté et auquel nous avons déjà emprunté la description du château à cette époque, nous voyons qu'il était dans un grand état de dégradation ; l'aile gauche avait été démolie en 1807 ; les rochers tombaient en ruines, le pavillon chinois qui servait de boucherie pour les chasses était abandonné, la laiterie était hors d'usage, un des télégraphes de la ligne de Strasbourg avait été établi sur le château de la Pompe et la porte d'*Echelles* (*sic*) qui servait de *vide-bouteilles* était dégradée.

L'entretien du Raincy fut partagé entre trois administrations :

L'administration des forêts de la couronne avait les bois ;

L'administration des domaines avait les prés ;

L'administration des bâtiments avait les constructions et les jardins.

M. Fontaine, premier architecte de Sa Majesté, fut chargé d'entretenir le château. Il dressa aussitôt un budget pour l'année 1813.

BUDGET ORDINAIRE

Dupont, concierge	1,200 fr.
Femme Sez, fille de château . . .	600
Sez, jardinier.	1,500
Lereculé, garçon jardinier.	750
Ballet, fontainier	1,200
Barde, garçon fontainier.	1,000
Chedot, taupier.	500
Aubier, portier de la porte de Chelles	600

Il y avait en outre trois autres portiers, Bergeret à la porte de Livry, Mahieu, à la porte de Villemonble et Sabatière à la porte de Bondy, qui étaient payés par l'administration forestière.

Couverture	3,500 fr.
Pavé	1,200
Cheminées	1,000

22

Le budget extraordinaire était, pour 1813 :

Couvertures. . . . . 25,000 fr.
Plomberie 12,500
Pompe à feu 10,000
Terrasse 8,000
Barrières formant une partie de
    l'enceinte du parc.. 1,500
Mur de clôture 1,800

De plus, quelques mois après, M. Fontaine demandait 14,553 fr. 73 centimes pour dépenses non
soldées, et un crédit de 12,541 fr. 40 centimes pour
réparer les caisses d'orangers.

Toutes ces sommes représentaient un total de
près de 100,000 francs.

Mais comme on était déjà arrivé au déclin de
l'épopée impériale, le Raincy fut oublié au milieu des
événements terribles de 1813 et 1814 ; vainement
M. Fontaine réclama sans cesse, auprès du baron de
Costaz, directeur des bâtiments, quelques subsides
pour entretenir le château et le parc, il ne put les
obtenir : le château se dégrada de plus en plus, et le
parc redevint sauvage, les routes se défoncèrent, et
M. Lelieux, architecte des parcs et jardins de Sa Majesté, en 1814, déclara que le château était ruiné, et que
le jardin même ne pouvait plus être entretenu.

M. Fontaine, se plaignant de ce que M. Lelieux
avait empiété sur ses attributions, répondit assez
aigrement : « J'avoue qu'en jardinage comme en autres
choses, il est un degré de perfection dont le terme

s'éloigne en raison des lumières de celui qui l'envisage, et que M. Lelieux peut désirer dans le jardin du Raincy des beautés que je ne connais pas. » Mais il avouait aussi que le château n'était plus habitable à moins de grosses réparations qu'il ne se chargeait pas d'exécuter, car n'ayant jamais pu obtenir l'argent nécessaire, il offrait d'être déchargé de l'entretien du Raincy.

L'invasion de 1814 vint mettre fin aux ennuis de M. Fontaine. Le Raincy fut occupé après une escarmouche qui eut lieu le 27 mars dans la forêt de Bondy. Les Russes et les Prussiens s'installèrent au château, qui eut, comme bien on pense, fort à souffrir de la présence de pareils hôtes. Ils établirent un camp à la ferme, où il demeura près d'un mois; la pièce d'eau qui se trouve auprès fut mise à sec, pour en prendre le poisson plus facilement, et les Russes démolirent les pavillons situés sur la route de Meaux, que Louis-Philippe rétablit plus tard tels qu'ils sont aujourd'hui.

Les alliés, du reste, ne furent pas les seuls à dévaster le Raincy. Quelques jours avant leur arrivée, les voisins avaient tué la majeure partie du gibier, sans doute pour en éviter la peine aux ennemis, et avaient abattu une grande quantité d'arbres. Ces dégâts furent évalués par un procès-verbal officiel à plus de 20,000 francs.

Après les Russes et les Prussiens, et par la même route, les Bourbons rentraient en France. Le Raincy, qui avait servi d'étape à la famille Bonaparte, fut sur le point de servir aussi de lieu de halte et de réception au représentant de la branche aînée. Les autorités de Paris avaient déjà fait préparer le château pour y recevoir Son Altesse Royale, Monsieur, lieutenant général du royaume. Mais celui-ci, se rappelant peut-être le fait auquel nous faisons allusion, donna la préférence à Livry.

LE RAINCY
SOUS LA RESTAURATION ET LA ROYAUTÉ
DE JUILLET
1814 — 1848

ONTÉ sur le trône en 1814, Louis XVIII rendit aux d'Orléans tous leurs biens par une ordonnance du 20 mai de la même année.

» Nous avons ordonné et ordonnons ce qui suit :

» Tous les biens appartenant à notre très cher » et bien aimé cousin, le duc d'Orléans, qui n'ont » pas été vendus, lui seront restitués. »

Mais le duc d'Orléans, Louis-Philippe, ne rentra pas sur-le-champ en possession du Raincy, qui faisait partie de la succession de son père, Philippe-Egalité.

Philippe-Egalité, à sa mort, avait laissé 74 millions de dettes et 112 millions d'actif. Il y avait donc amplement de quoi satisfaire ses créanciers. Mais sous la Révolution, ses biens avaient été mal administrés, mal vendus, de telle sorte qu'en 1814 il ne restait que 12 millions d'actif pour éteindre 30 millions de dettes.

Aussi Louis-Philippe et sa sœur Mme Adélaïde n'acceptèrent-ils cette lourde succession que sous bénéfice d'inventaire, et, par conséquent, ils durent faire vendre tout ce qui en faisait partie.

Les circonstances politiques et les lenteurs de la liquidation ne permirent pas que la vente du Raincy eût lieu avant 1819.

Bien que le domaine eût été estimé plus d'un million, la mise à prix ne fut que de 460,000 francs, et le duc d'Orléans resta adjudicataire pour la somme de 505,000 francs, de moitié avec sa sœur.

La description que nous avons donnée du château tel qu'il existait en 1812, indiquait déjà un état de délabrement qui eût réclamé de grandes réparations. On sait que, malgré les réclamations réitérées de l'architecte Fontaine, elles ne furent pas faites. Aussi, quelque temps avant l'adjudication, la majeure partie des bâtiments durent être démolis, à la suite d'un jugement rendu au cours de l'instance précédant la vente judiciaire : il ne resta plus que l'aile vers le nord, qui avait été élevée par le duc d'Orléans quelque temps après l'acquisition du Raincy, ainsi que le pavillon dit des cuisines.

Le bâtiment principal, construit sous le Directoire, disparut complètement ; il n'en subsista plus que les six colonnes ioniques qui en ornaient la façade.

Ces six colonnes s'aperçoivent dans la gravure qui représente la grotte de l'ancien Rocher, et à laquelle il faut assigner la date de 1838.

Lith. par Lemaine-Benoit.

Imp. de Lemercier, Bernard & C.ⁱᵉ

Vue de la Grotte dans le Parc du Raincy.

(1838)

A l'époque où le duc d'Orléans et sa sœur étaient adjudicataires du Raincy (1819), des travaux importants auraient dû être faits non seulement au château, mais à la plupart des fabriques que nous avons eu occasion d'énumérer et dont quelques-unes durent être complètement rasées. D'autres furent réparées, notamment les maisons russes, qui devinrent, depuis, la principale habitation du Raincy.

En outre des fabriques, le parc contenait plusieurs glacières. Celle de l'Ermitage existe encore.

Nous trouvons une description de cette époque (1824), qu'il est intéressant de reproduire :

« Une grande partie de ce château a été abattue. Il ne reste du péristyle que six colonnes ioniques ; son entablement est d'un assez mauvais goût. Les écuries et le chenil sont d'un bon style, et surtout parfaitement accompagnés par des masses d'arbres groupés avec art. La disposition de ces fabriques et du château, leur accord avec la disposition du terrain et des plantations est un modèle dans ce genre. Le hameau est une suite de petites maisons élégantes qui s'étendent le long d'une belle pièce d'eau, et qui offrent d'agréables logements aux hôtes du château, lorsqu'ils sont trop nombreux. L'orangerie se fait aussi remarquer par sa grandeur. On voit encore dans ce parc, qui a près de 700 arpents, la Maison-Russe, imitation fidèle des constructions en bois des rives du Ladoga ; le pont de fer au milieu d'un site riche en arbres verts ; la porte de Chelles, bâtiment gothique de bon goût ; enfin la grotte des bains, nouvelle

23

preuve que c'est toujours sans succès que l'art contrarie la nature. Depuis que la pompe qui fournissait l'eau à cette nymphe artificielle ne va plus, cette grotte des bains n'offre qu'un bourbier au lieu de l'eau limpide qu'on devrait y trouver. »

Tel était l'état du Raincy pendant les années qui précédèrent 1830.

A cette époque mémorable, le Raincy joue un rôle important, et l'on pourrait dire en quelque sorte qu'il fut le berceau de la Monarchie de juillet. La famille de Louis-Philippe habitait à ce moment Neuilly, et lui-même, cherchant une retraite où il pût attendre les événements à l'abri des tentatives qu'il redoutait des partis extrêmes contre sa personne, s'était réfugié au Raincy.

C'est là que l'on fut le chercher pour le mettre sur le trône.

Les détails de cet événement ont été diversement racontés. Il est certain que le duc d'Orléans fut dans une grande perplexité; mais la version de Louis Blanc, d'après laquelle ses hésitations furent telles qu'elles l'engagèrent à rebrousser chemin brusquement vers le Raincy, lorsqu'il était déjà en route vers Paris, est démentie par des écrivains sérieux. M. de Nouvion qui prétend tenir ces détails d'un témoin oculaire, M. Oudart, présente ainsi les faits :

« M. Thiers, s'étant rendu à Neuilly pour offrir la couronne au duc d'Orléans, fut reçu par Mme Adélaïde, sœur du duc, et la duchesse d'Orléans. Il rédigea, sous les yeux des princesses, une note où il énuméra sommairement les principales raisons qui faisaient au prince une loi d'accepter la couronne. Cette note fut remise à M. Oudart qui partit pour le Raincy.

» M. Oudart remit au duc d'Orléans la note de M. Thiers et lui apprit que plusieurs fois des bandes armées étaient venues à Neuilly et menaçaient les princesses. Le duc d'Orléans repartit aussitôt pour Neuilly, et pour y revenir il monta dans la petite voiture qui avait amené M. Oudart et dans laquelle celui-ci prit place à ses côtés. M. de Berthois qui avait suivi le duc au Raincy, et qui y était resté avec lui pendant les trois heures environ qu'il y avait passées, les accompagnait à cheval. Quant au brusque retour de la voiture du duc vers le Raincy, c'est tout simplement une fable. »

MM. Thiers, Odilon Barrot et autres attendaient à Neuilly le duc d'Orléans et le ramenèrent à pied à Paris.

Au mois d'août 1830, Louis-Philippe fit donation à ses fils (le duc d'Orléans excepté), sous réserve d'usufruit, de tous ses biens, y compris le Raincy, dont le revenu, en y joignant 1,000 hectares de bois dans la forêt de Bondy, était évalué à 50,000 livres.

Louis-Philippe fit réparer et compléta les murs d'enceinte du Raincy ; il en agrandit et régularisa la superficie en y comprenant une partie de la forêt de Bondy, située entre le Manège, la porte de Chelles et la carrière à plâtre. Il entretint et embellit le parc. Des spécimens d'arbres d'essences rares et précieuses, re-

cueillis par les officiers de la marine royale, enri-
chirent en plusieurs endroits les massifs.

Dans ce parc bien clos le gibier se multiplia.
Aussi le Raincy devint-il le rendez-vous de chasse
préféré de la famille royale et de ses hôtes.

A ce double titre de résidence royale et de parc
giboyeux, le Raincy était, pour 1848, une proie dési-
gnée à la dévastation.

Vainement le maire de Paris, pour le préserver, ainsi que Neuilly, Meudon, etc., fit-il publier que
ces châteaux, devenus *propriétés nationales*, étaient
placés sous la sauvegarde du peuple ; vainement des
délégués furent-ils envoyés dans toutes les directions
pour veiller à leur salut, rien ne put préserver ni
Neuilly, ni le Raincy.

Nous ne pouvons mieux faire que de citer le
récit imagé qu'a fait de ces événements M. Beauquier,
d'après les détails que lui avait fournis un témoin
oculaire, M. Guinet, alors garde général du château.

« Dès le 25 février, les employés de ce domaine
avaient été prévenus qu'une bande de pillards, après
avoir fait une visite à Vincennes, devaient se diriger
le lendemain sur le Raincy. La famille d'Orléans
n'occupait plus alors que les seules maisons russes,
meublées simplement, mais où se trouvait encore une
bibliothèque d'une assez grande valeur, d'environ
300 volumes, et une cave fort bien garnie.

» Il fut tenu une espèce de conseil de guerre par
les employés supérieurs, pour savoir quelles précau-
tions on prendrait pour mettre le Raincy à l'abri de

la dévastation. Le garde général, M. Guinet, était d'avis, et l'expérience fit voir combien il avait raison, d'ouvrir les grilles des portes du Raincy pour faire échapper les 600 daims ou cerfs qui paissaient librement dans le parc, et qui étaient en grande partie la proie qui attirait les pillards, mais cette proposition ne fut pas admise ; on ne croyait pas sans doute le danger aussi proche, ou du moins on espérait que la bande serait arrêtée.

» Le 26, à neuf heures du matin, 4 à 500 forcenés, ivres pour la plupart, se ruèrent sur le Raincy par la porte de Villemonble.

» Comme on l'avait prévu, ils en voulaient surtout au gibier. La fusillade commença donc immédiatement et elle dura six heures. A trois heures de l'après-midi, il ne restait pas vivant un seul des daims, ou des cerfs.

» Ces chasseurs improvisés étaient arrivés là avec des fusils et de la poudre en quantité suffisante, mais les projectiles leur firent bientôt défaut. Afin de s'en procurer, on vit quelques-uns d'entre eux se hisser sur les toits des basses constructions, notamment à la porte de Chelles, pour en détacher des morceaux de zinc ou de plomb, qu'ils roulaient avec un fragment de tuile et qu'ils introduisaient ainsi dans leurs fusils. Et pourtant pas une arme n'éclata, malgré ce procédé sauvage. Il est vrai que la plupart de ces gens étaient ivres.

» Il est inutile de dire que pendant la chasse et après, tout ce qu'il y avait de tonneaux au Raincy fut défoncé. Ceux qui n'avaient pas de fusil dévalisaient les basses-cours de la porte de Chelles et des écuries anglaises, pour occuper leurs loisirs.

» Aux maisons russes, le sac fut complet. Après avoir brisé les cheminées en marbre de Carrare, tiré des coups de fusil sur une magnifique glace de Venise qui décorait le grand salon, fait main basse sur les livres, les armes, l'argenterie, les objets d'art, etc., la cave fut vidée. Le désordre s'augmenta de l'ivresse. On pouvait craindre à chaque instant que ces forcenés ne missent le feu aux bâtiments et au parc, et les secours n'arrivaient pas. Ce fut le 27 seulement que les communes environnantes envoyèrent des détachements de garde nationale dont la seule approche suffit pour mettre les pillards en fuite comme une bande d'étourneaux. »

Néanmoins les pertes que subit le Raincy, au point de vue du mobilier proprement dit, furent bien moins importantes qu'on pourrait le croire d'après le récit qui précède. En effet, le mobilier lui-même était en rapport avec les bâtiments modestes qui existaient au Raincy. — Nous en trouvons le détail officiel dans l'ouvrage de M. de Montalivet, *Le roi Louis-Philippe et sa liste civile :*

Le Raincy. L'inventaire de ce mobilier peu important se résumait, en y comprenant la valeur des glaces qui décoraient le village russe, dans un chiffre total d'évaluation de. 20,728 50

Le montant des articles qui ont échappé aux dégâts est de. . . . . 10,209 »

Le chiffre des objets détruits est donc 10,519 50

Nous sommes arrivés au terme de notre récit. La confiscation des biens de la famille d'Orléans mit fin à l'existence du Raincy, comme château.

A partir de ce moment ses destinées changèrent et leur histoire comporte un ordre d'idées tout à fait différent et qui mérite d'être traité à part.

Table des Matières

Contenues

Dans ce Volume

24

Têtes de Chapitres
Lettrines
et Culs-de-Lampe

Vues et Plans

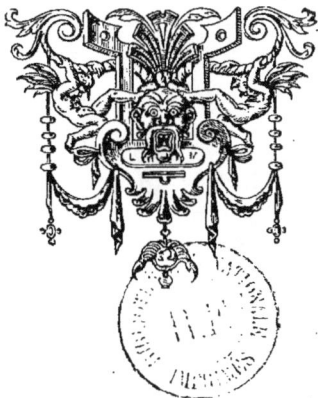

PARIS

IMPRIMERIE BREVETÉE CHARLES BLOT

7 — *Rue Bleue* — 7

Plan du Raincy transformé en Parc à l'anglaise par le Duc d'Orléans, de 1769 à 1783.

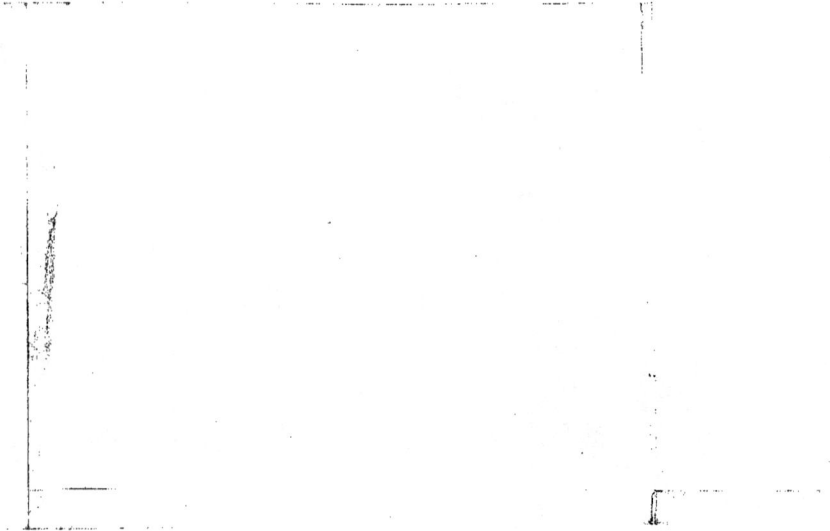

www.ingramcontent.com/pod-product-compliance
Lightning Source LLC
Chambersburg PA
CBHW072001090426

42740CB00011B/2037